中宣部2022年主题出版重点出版物

“十四五”国家重点图书出版规划项目

纪录小康工程

全面建成小康社会

贵州变迁志

GUIZHOU BIANQIANZHI

本书编写组

贵州出版集团
贵州人民出版社

选题统筹：谢亚鹏
责任编辑：张　娜　于欣平
封面设计：石笑梦　唐锡璋
版式设计：王欢欢　陈　晨

图书在版编目（CIP）数据

全面建成小康社会贵州变迁志 / 本书编写组编著
. -- 贵阳：贵州人民出版社，2022.10
（“纪录小康工程”地方丛书）
ISBN 978-7-221-17092-7

Ⅰ. ①全… Ⅱ. ①本… Ⅲ. ①小康建设—概况—贵州
Ⅳ. ① F127.73

中国版本图书馆 CIP 数据核字 (2022) 第 093282 号

全面建成小康社会贵州变迁志
QUANMIAN JIANCHENG XIAOKANG SHEHUI GUIZHOU BIANQIANZHI

本书编写组

贵州人民出版社出版发行
（550081 贵州省贵阳市观山湖区会展东路 SOHO 办公区 A 座）

贵阳精彩数字印刷有限公司　新华书店经销

2022 年 10 月第 1 版　2022 年 10 月贵阳第 1 次印刷
开本：710 毫米 ×1000 毫米 1/16　印张：15
字数：200 千字

ISBN 978 - 7 - 221 - 17092 - 7　定价：52.00 元

邮购地址 550081　贵州省贵阳市观山湖区会展东路 SOHO 办公区 A 座
贵州人民出版社图书销售对接中心　电话：(0851) 86828517

总　序

为民族复兴修史　为伟大时代立传

小康，是中华民族孜孜以求的梦想和夙愿。千百年来，中国人民一直对小康怀有割舍不断的情愫，祖祖辈辈为过上幸福美好生活劳苦奋斗。“民亦劳止，汔可小康”“久困于穷，冀以小康”“安得广厦千万间，大庇天下寒士俱欢颜”……都寄托着中国人民对小康社会的恒久期盼。然而，这些朴素而美好的愿望在历史上却从来没有变成现实。中国共产党自成立那天起，就把为中国人民谋幸福、为中华民族谋复兴作为初心使命，团结带领亿万中国人民拼搏奋斗，为过上幸福生活胼手胝足、砥砺前行。夺取新民主主义革命伟大胜利，完成社会主义革命和推进社会主义建设，进行改革开放和社会主义现代化建设，开创中国特色社会主义新时代，经过百年不懈奋斗，无数中国人摆脱贫困，过上衣食无忧的好日子。

特别是党的十八大以来，以习近平同志为核心的党中央统揽中华民族伟大复兴战略全局和世界百年未有之大变局，团结带领全党全国各族人民统筹推进“五位一体”总体布局、协调推进“四个全面”战略布局，万众一心战贫困、促改革、抗疫情、谋发展，党和国家事业取得历史性成就、发生历史性变革。在庆祝中国共产党成立100周年大会上，习近平总书记庄严宣告：“经过全党全国各族人民持续奋斗，我们实现了第一个百年奋斗目标，在中华大地上全面建成了小康社会，历史性地解决了绝对贫困问题，正在意气风发向着全面建成社会主义现代化强国的第二个百年奋斗目标迈进。”

这是中华民族、中国人民、中国共产党的伟大光荣！这是百姓的福祉、国家的进步、民族的骄傲！

全面小康，让梦想的阳光照进现实、照亮生活。从推翻“三座大山”到“人民当家作主”，从“小康之家”到“小康社会”，从“总体小康”到“全面小康”，从“全面建设”到“全面建成”，中国人民牢牢把命运掌握在自己手上，人民群众的生活越来越红火。“人民对美好生活的向往，就是我们的奋斗目标。”在习近平总书记坚强领导、亲自指挥下，我国脱贫攻坚取得重大历史性成就，现行标准下9899万农村贫困人口全部脱贫，建成世界上规模最大的社会保障体系，居民人均预期寿命提高到78.2岁，人民精神文化生活极大丰富，生态环境得到明显改善，公平正义的阳光普照大地。今天的中国人民，生活殷实、安居乐业，获得感、幸福感、安全感显著增强，道路自信、理论自信、制度自信、文化自信更加坚定，对创造更加美好的生活充满信心。

全面小康，让社会主义中国焕发出蓬勃生机活力。经过长期努力特别是党的十八大以来伟大实践，我国经济实力、科技实力、国防实力、综合国力跃上新的大台阶，成为世界第二大经济体、第一大工业国、第一大货物贸易国、第一大外汇储备国，国内生产总值从 1952 年的 679 亿元跃升至 2021 年的 114 万亿元，人均国内生产总值从 1952 年的几十美元跃升至 2021 年的超过 1.2 万美元。把握新发展阶段、贯彻新发展理念、构建新发展格局、推动高质量发展，全面建设社会主义现代化国家，我们的物质基础、制度基础更加坚实、更加牢靠。全面建成小康社会的伟大成就充分说明，在中华大地上生气勃勃的创造性的社会主义实践造福了人民、改变了中国、影响了时代，世界范围内社会主义和资本主义两种社会制度的历史演进及其较量发生了有利于社会主义的重大转变，社会主义制度优势得到极大彰显，中国特色社会主义道路越走越宽广。

全面小康，让中华民族自信自强屹立于世界民族之林。中华民族有五千多年的文明历史，创造了灿烂的中华文明，为人类文明进步作出了卓越贡献。近代以来，中华民族遭受的苦难之重、付出的牺牲之大，世所罕见。中国共产党带领中国人民从沉沦中觉醒、从灾难中奋起，前赴后继、百折不挠，战胜各种艰难险阻，取得一个个伟大胜利，创造一个个发展奇迹，用鲜血和汗水书写了中华民族几千年历史上最恢宏的史诗。全面建成小康社会，见证了中华民族强大的创造力、坚韧力、爆发力，见证了中华民族自信自强、守正创新精神气质的锻造与激扬，实现中华民族伟大复兴有了更为主动的精神力量，进入不可逆转的历史进程。今天，我们比历史上任何时期都更接近、更有信心和能力实现中华民族伟大复兴的目标，中国人民的志气、骨气、底气极大增强，奋进新征程、建功新时代有着前所未有的历史主动精神、历史创造精神。

全面小康，在人类社会发展史上写就了不可磨灭的光辉篇章。中华民族素有和合共生、兼济天下的价值追求，中国共产党立志于为人类谋进步、为世界谋大同。中国的发展，使世界五分之一的人口整体摆脱贫困，提前十年实现联合国 2030 年可持续发展议程确定的目标，谱写了彪炳世界发展史的减贫奇迹，创造了中国式现代化道路与人类文明新形态。这份光荣的胜利，属于中国，也属于世界。事实雄辩地证明，人类通往美好生活的道路不止一条，各国实现现代化的道路不止一条。全面建成小康社会的中国，始终站在历史正确的一边，站在人类进步的一边，国际影响力、感召力、塑造力显著提升，负责任大国形象充分彰显，以更加开放包容的姿态拥抱世界，必将为推动构建人类命运共同体、弘扬全人类共同价值、建设更加美好的世界作出新的更大贡献。

回望全面建成小康社会的历史，伟大历程何其艰苦卓绝，伟大胜利何其光辉炳耀，伟大精神何其气壮山河！

这是中华民族发展史上矗立起的又一座历史丰碑、精神丰碑！这座丰碑，凝结着中国共产党人矢志不渝的坚持坚守、博大深沉的情怀胸襟，辉映着科学理论的思想穿透力、时代引领力、实践推动力，镌刻着中国人民的奋发奋斗、牺牲奉献，彰显着中国特色社会主义制度的强大生命力、显著优越性。

因为感动，所以纪录；因为壮丽，所以丰厚。恢宏的历史伟业，必将留下深沉的历史印记，竖起闪耀的历史地标。

中央宣传部牵头，中央有关部门和宣传文化单位，省、市、县各级宣传部门共同参与组织实施“纪录小康工程”，以为民族复兴修史、为伟大时代立传为宗旨，以“存史资政、教化育人”为目的，形成了数据库、大事记、系列丛书和主题纪录片4方面主要成果。目前已建成内容全面、分类有序的4级数据库，编纂完成各级各类全面小康、脱贫攻坚大事记，出版“纪录小康工程”丛书，摄制完成纪录片《纪录小康》。

“纪录小康工程”丛书包括中央系列和地方系列。中央系列分为“擘画领航”“经天纬地”“航海梯山”“踔厉奋发”“彪炳史册”5个主题，由中央有关部门精选内容组织编撰；地方系列分为“全景录”“大事记”“变迁志”“奋斗者”“影像记”5个板块，由各省（区、市）和新疆生产建设兵团结合各地实际情况推出主题图书。丛书忠实纪录习近平总书记的小康情怀、扶贫足迹，反映党中央关于全面建成小康社会重大决策、重大部署的历史过程，展现通过不懈奋斗取得全面建成小康社会伟大胜利的光辉历程，讲述在决战脱贫攻坚、决胜全面小康进程中涌现的先进个人、先进集体和典型事迹，揭示辉煌成就和历史巨变背后的制度优势和经验启示。这是对全面建成小康社会伟大成就的历史巡礼，是对中国共产党和中国人民奋斗精神的深情礼赞。

历史昭示未来，明天更加美好。全面建成小康社会，带给中国人民的是温暖、是力量、是坚定、是信心。让我们时时回望小康历程，深入学习贯彻习近平新时代中国特色社会主义思想，深刻理解中国共产党为什么能、马克思主义为什么行、中国特色社会主义为什么好，深刻把握“两个确立”的决定性意义，增强“四个意识”、坚定“四个自信”、做到“两个维护”，以坚如磐石的定力、敢打必胜的信念，集中精力办好自己的事情，向着实现第二个百年奋斗目标、创造中国人民更加幸福美好生活勇毅前行。

目 录

一、上下同心　共绘新蓝图

“天无三日晴，地无三尺平，人无三分银”，这是过去人们对贵州的印象。如今，贵州的山乡面貌发生了历史性巨变，产业发展取得了历史性突破，百姓生活获得了前所未有的改善。贵州的“千年之变”，折射的正是全面建成小康社会的中国所展示出的勃勃生机和壮丽前景。

贵州大地的“千年之变”

党的十八大以来，贵州奋发进取、积极作为，在脱贫攻坚战中取得了全面胜利，书写出“千年之变”！

在遵义市播州区枫香镇花茂村，3 月，800 多亩油菜花田迎来了一年中最美的时节，千亩产业基地里的羊肚菌也到了采收旺季。这个如今人均年收入超 2 万元的小康村，10 多年前还是贫困荒芜的“荒茅田”。

花茂村是贵州贫困地区的一个缩影。

2015 年 6 月，习近平总书记来到贵州考察。在花茂村，总书记和村民亲切交谈，了解脱贫政策的落实情况。

让群众的笑容多起来，让群众的腰包鼓起来。党的十八大以来，党中央在全国范围打响了脱贫攻坚战，仅在贵州，从 2016 年开始，中央投入的财政专项扶贫资金年均增长就超过了 20%，7 个东部帮扶城市向贵州投入财政帮扶资金累计超过了 113 亿元，40 家中央国家机关和企事业单位定点帮扶全省 50 个贫困县。

一项项政策，一笔笔真金白银，助力贵州向绝对贫困发起总攻。贵州累计选派 21.32 万名干部到村开展帮扶，全面夯实群众“两不愁三保障”的基础。此外，贵州从省级层面统筹完善就业扶持、教育医疗保障、社区服务管理体系，确保易地扶贫搬迁群众“搬得出、稳得住、逐步能致富”，192 万人搬出贫瘠之地，创造了搬迁人数全国之

遵义市播州区花茂村新貌

最的历史。大山里的贫困户“一步跨千年”，成为城镇新市民。

党的十八大以来，贵州平均每年减贫 100 万人，贫困发生率从 2012 年的 26.8% 下降到 2021 年的 0.85%，贫困人口人均纯收入达到 9975 元，66 个贫困县全部摘帽，923 万贫困人口全部脱贫，减贫人数为全国之最，实现从解决温饱、总体小康到全面小康的历史性跨越。

如今，曾经“地无三尺平”的贵州，已成为“高速平原”，在西部地区率先实现县县通高速、所有行政村通公路，山乡群众出行平均候车时间由 2 小时缩短到 30 分钟。

如今，在“八山一水一分田”的贵州，蔬菜、食用菌、茶叶等12个农业特色优势产业蓬勃发展，茶树、辣椒、蓝莓等农作物的种植面积居全国第一，农业增加值增速连续4年位居全国前列。

在贵州的田间地头，农产品装上车就被发往全国及世界各地，销售半径从平均不到300公里，延伸至北上广、粤港澳以及国际市场。

2021年春节前夕，习近平总书记再次来到贵州，他勉励乡亲们继续努力奋斗，把乡村产业发展得更好，把乡村建设得更美。

如今，贵州将省会贵阳市云岩区、南明区以外的86个县、市、区都作为乡村振兴发展县，统筹推进发展乡村产业，努力绘就乡村振兴的壮美画卷。

在花茂村，现代农业和当地流传下来的古法陶艺、古法造纸等非遗技艺结合在一起，文旅、农旅融合发展，花茂村由此成为远近闻名的乡村旅游目的地和优质农特产品、非遗文创产品的输出地。

“天无三日晴，地无三尺平，人无三分银”，这是过去人们对贵州的印象。如今，贵州的山乡面貌发生了历史性巨变，产业发展取得了历史性突破，百姓生活获得了前所未有的改善。贵州的“千年之变”，折射的正是全面建成小康社会的中国所展示出的勃勃生机和壮丽前景。

化屋村的好日子

党的十八大以来，在一系列精准扶贫政策的推动下，化屋村人的日子越过越甜。在化屋村，易地扶贫搬迁实现了水、电、路三通，产业发展实现了群众收入水平稳步提高，生态保护让绿水青山变成了金山银山。

2021 年 2 月 3 日，农历牛年春节前夕，习近平总书记在贵州考察调研时专程来到黔西市新仁苗族乡化屋村看望苗族乡亲，嘱咐大家要巩固脱贫成果，接续推进乡村振兴，把产业发展好，把乡村建设得更好。化屋村干部群众牢记嘱托、感恩奋进，用勤劳的双手创造美好的生活，奋力描绘出一幅乡村振兴的美丽画卷。

甜美生活蒸蒸日上

回忆起 2021 年 2 月 3 日下午习近平总书记看望他们一家时的情景，化屋村村民赵玉学仍难掩激动：“总书记来到我们家中，和我们一起包黄粑，还问了我们的生活情况，他很关心我们老百姓，祝福我们的日子越过越甜美。”

赵玉学一家以前住在不通水、不通电、不通路的麻窝寨，在易地扶贫搬迁政策的帮助下住上了二层小楼，水、电、路都通到了家。总书记的到来激起了一家人努力创造更加甜美的生活的信心，原本在外地打工的赵玉学，决定留在村里创业。如今，赵玉学开起了农家乐，注册了“赵玉学黄粑”商标，生产、销售竹叶黄粑，一年下来收入近20万元。“我打算扩大生产规模，把产业做大。”赵玉学说，“希望总书记再来化屋村看看，我们的生活越来越好了！”

“20世纪80年代的化屋村人均耕地面积少，粮食短缺是常态，许多人家都要靠借粮维持生活，实在没吃的，就只有吃山上的野果充饥。”驻村工作队员杨国锋是土生土长的化屋村人，提及过去，他深有感触。党的十八大以来，在一系列精准扶贫政策的推动下，化屋村实现了巨变。2017年，易地扶贫搬迁让34户154名苗族同胞告别了原来水电不通、交通不便、住房简陋的生活环境。“村民搬迁到安置点后，一部分外出务工，一部分到村里的合作社就业，一部分搞特色种植养殖、旅游服务、刺绣蜡染等产业。2021年，化屋村人均可支配收入达到19304元。”杨国锋说。

化屋村之变，是“全面小康，一个少数民族也不能少”的生动写照。

指尖技艺变指尖经济

化屋村苗绣商店内，一件件精美的手工苗绣服装、特色小饰品琳琅满目；苗绣车间里，工人飞针走线，忙着赶制订单。作为苗族民间传承的刺绣技艺，苗绣做工精细、工艺复杂，以美观的构图、浓郁的民族风格、丰富的色彩闻名于世，被称为藏在深山里的“高级定制”。

在化屋村考察调研时，习近平总书记勉励大家，一定要把苗绣发扬光大，这既是文化又是产业，发展好了既能够弘扬民族文化、传统文化，同时也能为产业扶贫、为乡村振兴做出贡献。

习近平总书记的殷殷嘱托，化屋村苗绣车间负责人杨文丽铭记在心。杨文丽成立了蜡染刺绣公司，吸纳了20余名苗族妇女稳定就业，70余名绣娘在家制作后以计件的方式获取报酬，公司2021年总销售额达400多万元。

“我家有4口人，我以前在家里带小孩，没有什么收入。现在在车间工作，每个月有3000元左右的工资，日子越来越好了。”在苗绣车间工作的村民张应说。

乡村振兴，产业振兴是关键。从以种地为生到农家乐、民宿遍地开花，苗绣、黄粑等特色产业也在化屋村渐次兴起。

绿水青山不负人

化屋村村口的乌江河面上，游船往来穿梭，水鸟翩翩起舞，水声、鸟鸣和游客的欢笑声相互交织，勾勒出一幅和谐画卷。

在贵州考察调研时，习近平总书记来到化屋码头，沿江岸步行察看乌江的生态环境和水质情况，强调要牢固树立绿水青山就是金山银山的理念，守住发展和生态两条底线，努力走出一条生态优先、绿色发展的新路子。

“过去，网箱养鱼、沿河捕捞等行为让乌江六冲河段受到严重污染，”化屋村党支部书记许蕾说，“乌江变成了‘污江’。”2018年，乌江全面禁渔，经过铁腕治污，六冲河化屋流域水质达Ⅰ级标准，重现了一江清水向东流的美景。

坐拥绿水青山的化屋村，引得游客纷至沓来，让村民尤荣利看到了商机。2018年，尤家三兄弟成立公司，经营两艘观光游船。“最忙的时候，我一天要跑五趟，几乎没有休息过。”尤荣利说，“两艘游船

化屋村易地扶贫搬迁安置点

2021 年全年收入超过了 30 万元。”在经营游船的同时，三兄弟又看到了餐饮业的发展空间。2021 年国庆前夕，三兄弟将家里进行简单的装修后便开始试营业，成效不错。2022 年，他们打算在餐饮上做精做好，为家乡的旅游发展创口碑。

人不负青山，青山定不负人。2021 年，化屋村接待游客人数接近 54 万人次，旅游综合收入超过 2.5 亿元。

化屋村抓住产业振兴这个关键，大力推动苗绣等特色产业和乡村旅游发展，持续书写乡村振兴这篇大文章。“养在深闺”的苗绣走出大山，不仅传承弘扬了传统文化，还有力发展了文化产业。坚持绿色发展这条乡村振兴的必由之路，让老百姓尽享清水绿岸，为子孙后代留下可持续发展空间……化屋村干部群众把习近平总书记的殷殷嘱托转化成前行的强大动力，把日子过成了很多人羡慕的样子。

楼纳布依人家的美丽风景

“我们村有两次机遇：一次是2011年5月8日，时任中共中央政治局常委、中央书记处书记、国家副主席习近平来我们村调研，勉励我们把布依族的新农村建设得越来越好；另一次是2014年3月7日，习近平总书记参加十二届全国人大二次会议贵州代表团审议时，惦记着我们村的脱贫情况。”黔西南州义龙新区楼纳村党总支书记黄定品说。

9年过去了，楼纳村全村人均年收入从2011年的3800元增加到2020年的1.2万元。

“如果说习近平总书记第一次到我们村，是给了我们脱贫奔小康的信心，那么总书记第二次在全国两会时提及我们村，就是再次指明发展方向，让我们布依人家过上幸福的新生活。”在黄定品看来，楼纳村的发展已然从量变到质变。

村寨巨变，新农村越来越好

“如果习近平总书记再来楼纳村，就会看到一个发生了巨变的布依村寨。现如今，我们大多数村民都住上了乡村别墅，家家有花、户

黔西南州义龙新区楼纳村夜色

户有水。在奔小康的道路上，我们布依村寨的老百姓一个也没掉队，全部过上了幸福的小日子。”黄定品说。

2011 年 5 月 8 日，时任中共中央政治局常委、中央书记处书记、国家副主席习近平到楼纳村考察。在田间地头，习近平关心村民们的农业生产情况，和村民们谈心话家常，并勉励大家再接再厉、更上一层楼，把布依族的新农村建设得越来越好。

“当时，总书记还问起一位村民家化肥等农资的筹备情况。没想到，这种小细节总书记都很留意。”黄定品回忆说，这让村民们感觉很温暖。

黄定品感慨，习近平总书记的关怀，一直是激励乡亲们牢记嘱托、感恩奋进的强劲动力。

如今的楼纳村，千亩良田绿意盎然，工业化农业、多元化农业、生态观光农业释放出前所未有的生机和活力，乡村振兴的崭新画卷已然铺开。

进入楼纳村，目之所及即是风情浓厚的布依民居、干净整洁的农家小院、宽敞平坦的乡村道路、清澈见底的河流溪水。

意达服装厂宽敞明亮的车间里，40 多名工人正坐在机台前裁剪、制作衣服。这家服饰厂的创办者黄定元正在车间里来回走动，认真检查产品质量。

黄定元曾经是楼纳村走出去的第一批农民工。

20 世纪 90 年代末，因家中贫困，高中刚毕业的黄定元跟着同乡辗转东莞、深圳、广州等地打工。那时，他和大多数农民工一样，从流水线作业做起，每天工作 10 多个小时。由于他刻苦好学，很快便成为行家里手，这为他返乡实现自己的创业梦想打下了扎实的基础。

和很多村民一样，黄定元也记住了习近平总书记“把布依族的新农村建设得越来越好”的嘱托。他果断抓住机遇决定回乡，申请担保贷款 10.5 万元，迅速在“家门口”办起了服装厂。

“家乡的创业环境好，还有大量的劳动力，返乡创办小微企业，一方面我自己能够致富，另一方面还可以为乡亲们提供就业机会。”黄定元说。

黄定元的服装厂生产的产品质量好，服装订单应接不暇，产品还远销老挝、越南等地。村民在厂里工作，每人每月能拿到 5000 元左右的工资。

“以前外出打工是因为生活，现在回乡开了属于自己的服装厂，从打工仔摇身一变成了老板，我也为家乡出了一份力。”黄定元乐滋滋地说着。

像黄定元这样返乡创业的村民还有很多，楼纳村原本有 1700 余人在外省打工，如今已有上千人选择回乡发展。

村民脱贫，“网络带货”大有可为

2014 年以前，在大多数村民眼中，贵州山区中的这个布依族村寨离互联网非常遥远。没有一个村民敢想象，有一天快递包裹会源源不断地寄进来。大家尤其觉得不可思议的是，“网络带货”这种时尚的玩意儿，也被楼纳村的村民玩得风生水起。

在黄定品看来，这一切都归功于 2014 年习近平总书记参加十二届全国人大二次会议贵州代表团审议时的讲话。总书记说，要扎实推进扶贫开发工作，真正使贫困地区的群众不断得到实惠。在会上，习近平总书记特别提到楼纳村，惦记着村民的脱贫情况，并委托贵州省人大代表王菁向乡亲们转达他的祝愿和问候。

习近平总书记的祝愿和问候，让村民们喜笑颜开。

“全村人干劲十足地抓住美丽乡村建设的机遇，有 16 户人家办起了乡村客栈，有 8 户办起了农家乐，还有旅游企业租用当地民居改造建成 20 个高端的民宿酒店。现在，村里民族街、文化广场、集市一应俱全。2019 年底，我们村人均年收入突破了 1 万元。另外，全村绿化率达 74.5%，已成为远近闻名的绿化村。”黄定品说。

听亲朋好友们念叨得多了，一直在外“闯荡”的吴尚菊也动了回乡创业的心思。

楼纳村的小姐妹们纷纷告诉她，家乡创业的环境越来越好了，返乡创业的村民更是越来越多。于是，这个 2008 年从云南民族大学毕业，从事过导游工作、开过便利店的布依族姑娘，也毅然回了家。

黔西南州义龙新区楼纳村文化广场

吴尚菊在村里的文化广场附近开了一间叫“好花红”的50平方米的便利店，这家便利店也是村里的电商服务网点。

在村委会的帮助与支持下，吴尚菊申请到了政府的电商扶贫资助资金4万元，又获得了政府对电商的激励资金1.7万元。

那时候，村民不了解网购，更不会通过网络卖货，吴尚菊就一户一户地教。

“外出是经历，回乡有意义。”但凡是家乡有需要，她都愿倾尽全力。在楼纳村，除吴尚菊在做电商外，还有20多个村民在做微商，大家利用互联网的优势，卖出了山货赚到了钱。

电商既可以推销农副产品、帮助群众脱贫致富，又可以推动乡村振兴。吴尚菊对借助电商这一新兴业态卖出山货满怀信心。

“现在，乡亲们都喜欢来我这里交话费、水电费和收发快递，解决了不少生活难题。”谈及下一步的打算，吴尚菊说她将继续通过网络带货，把村里盛产的枇杷等农产品外销，帮助群众增收，让大家的生活更加富足。

今天的楼纳村，农家乐、超市等随处可见，一个个创业梦想在这片田野上生根发芽，一户户农家小院里，洋溢着新生活的富足与惬意。

“亲戚”吴婆婆的“心意”

“婆婆，这可使不得呀，我只是政策的传递者，您要感谢的话就感谢共产党，感谢国家的好政策……您再这样，以后我就不带女儿来您家了！”中共玉屏侗族自治县委巡察办巡察信息服务中心工作人员姚长江，一边拒绝“亲戚”吴贤梅塞给小女儿的零花钱，一边拉着小女儿往车里钻。

姚长江与这位“亲戚”的缘分，还得从2016年说起。

2016年上半年，姚长江开始结对帮扶铜仁市玉屏县皂角坪街道皂角坪村建档立卡户吴贤梅。

“从这条上坡路上去，最里面的房子就是吴贤梅的家，她一个人住，经常早出晚归。”在热心村民的指引下，姚长江找到了吴贤梅的家，可映入眼帘的却是杂草丛生的烂瓦房，难道这就是村民口中吴贤梅的“家”？

几次走访下来，姚长江一直没见到吴贤梅。

吸取了前几次失败的教训后，姚长江特意选择在夜晚走访吴贤梅家，终于在一天夜里，看到烂瓦房旁边矮房子的窗户里透出了昏暗的灯光。走进矮房子里，一股霉味扑鼻而来。环顾四周，房内墙上、地上都是潮湿的。

“老人家，原来您住在偏房里呀！”见到吴贤梅，姚长江喜不自禁。

“你是哪位？你认识我？”吴贤梅警惕地问。

“老人家，我叫姚长江，是您的结对帮扶人……”姚长江找了个小板凳坐下，与吴贤梅拉起家常。

整个交流过程中，吴贤梅的脸上没有一丝笑容，姚长江感到她对自己的到来并不在意，甚至还有些反感。“老人家这样的态度肯定只是一时的，只要我坚持用真心对待她，一切都会好起来的！”回家的路上，姚长江一直在思考今后帮扶工作的落脚点在哪里。

要解开吴贤梅的“心结”，姚长江觉得或许可以从帮助她改善潮湿阴冷的居住环境入手。

“吴贤梅老人丧偶近 20 年，平时都是独来独往，独生儿子离异后长期在外打零工，孙子孙女由儿媳抚养。她的居住问题，我们驻村工作队与村‘两委’一直放在心上，目前已将她家纳入一级危房改造项目，只是她本人主意不定，一会儿同意，一会儿不同意……”第二天一大早，姚长江便来到村活动室向驻村干部了解吴贤梅的情况。

“其实，我是知道自己可以享受危房改造政策的，也想尽快动工，早点改善自己的生活条件，但苦于没有启动资金，就一直不敢动工。”功夫不负有心人，经过半年多的频繁走访，吴贤梅开始主动与姚长江诉说自己心中的顾虑。

“钱的问题您不用担心，我们来帮您想办法。”了解情况后，姚长江立即向单位汇报，并得到了领导的大力支持。经过多方努力，吴贤梅家的危房改造终于动工了。

“婆婆，这房子改造一直都是有序地进行着，您不用顾虑这顾虑那，有我们给您操持，您就安心等着搬进安全、干净的房子就好。”在改造危房的过程中，吴贤梅的内心还是摇摆不定，每每遇到这样的情况，姚长江都及时地跑去做她的思想工作，打消她的顾虑。

2017 年底，吴贤梅如期搬进了新房，看到墙上挂着的新旧房子的对比照片，她紧紧地握着姚长江的双手，激动地说：“万万没想到，我都这把年纪了，还能住上这么好的房子！谢谢你，谢谢你们，小姚……”

姚长江（右一）与吴贤梅（中）交谈，了解其生产生活情况

搬进了新房子，用上了新家具，铺上了新棉被，过了一个幸福的新年，吴贤梅脸上的愁容也渐渐散去。

“婆婆，今天是周末，我带着小女儿来看您了。小贝音，快喊太太！”冉冉晨雾重，晖晖冬日微。趁着周末，姚长江带着3岁的小女儿来到吴贤梅家中。平日里郁郁寡欢的吴贤梅，见姚长江这次带着小孩一起来，脸上顿时露出了和蔼的笑容，交谈间也轻松了不少。

临别前，吴贤梅叫住姚长江，双手在荷包里摸索着，于是就出现了文章开头的那一幕。

原来，随着吴贤梅搬进新房子，她那感恩的心情也越发强烈，总是想方设法地要感谢姚长江，但姚长江一次也没有接受过吴贤梅的“心意”。

在姚长江看来，自己做的都是一些微不足道的事情，真心帮扶能换来建档立卡户的安居、安心，他就心满意足了。

好政策“飞入寻常百姓家”

“小张，你来啦，快来坐，今天怎么这么早！”我对一大早就踏着露水来我家走访的小张说。她面带微笑慢慢回道：“今天天气好，我来看看你身体好点了没。脚好点了没？消肿了吗？”

小张是我家的网格帮扶干部，名叫张冬梅，和之前帮扶我家的那名干部一样，都姓张。2019 年 5 月，小张刚到玉山社区驻村的时候，我因年老，身体不好，经常生病，时常分不清她和之前驻村的那个网格员。看着她迎着初秋的第一缕阳光慢慢走来，我大声喊着：“小张，你来啦！快来坐！”

我叫黄廷祥，是黔南州瓮安县玉山镇玉山社区七角寨组的低保户，我和我儿子黄胜德生活在一起，妻子已经失踪多年。2014 年因为我生病了，我家被纳入精准扶贫建档立卡贫困户管理，但已于 2017 年脱贫。回想起这些年的脱贫经历，我感恩遇上了国家的好政策，感恩遇到了像小张这样负责任的帮扶干部，是国家的好政策和干部的帮扶，让我顺利度过了那几年的困难时光。

2019 年 10 月，小张和我聊天时，了解到我于 2017 年因股骨头坏死，在医院动手术时腿部安装了钢板，走路不便。随后她主动联系玉山镇残联，了解申办残疾证的资格条件，咨询残疾人帮扶以及残疾人分类施保政策。了解清楚后，她耐心地向我解释申办残疾证需要哪些材料，办理成功后又可以享受哪些政策。在小张的细心帮助下，我顺利办理了肢体三级残疾证，享受残疾人低保分类施保政策，减轻了家庭经济负担。

“我家的低保不能取消，我儿子黄胜德虽然有劳动能力，在周边打零工，但今年受新冠肺炎疫情影响，务工情况极其不稳定，我自己又是三级肢体残疾，没有劳动能力，如果取消了我的低保，我家今年的生活又没有着落了。”2020 年 3 月，玉山镇启动 2020 年度低保提标核查工作，以网格为单位开展入户核查时，我对到我家入户了解情况的小张这样说道。小张了解到我儿子的务工状况后，在玉山社区积极为我家申报继续享受低保，主动带领驻村工作队和村干部到我家开展低保家庭入户核查。最终，经社区评议，县、镇两级审核，我家可以继续享受低保，并按照国家标准提标，家庭基本生活得到了保障。

“低保是保住了，但光靠低保并不能解决我家现在的实际困难，家里虽然有 1 个劳动力，但是就业不稳定啊，如果能解决这个问题，应该就不会存在返贫现象了。”小张听到我这样说，就拿起手机联系我的儿子黄胜德，询问他的务工意愿。我儿子说：“我爸身体不好，偶尔会住院，需要有人照顾，而且受疫情影响，今年我没有外出务工的打算，附近也不知道有没有合适的工作。”听到这里，小张当即就在各个就业网站搜索，并通过县人社局的就业招聘渠道，搜集符合我儿子黄胜德的就业信息，再筛选出来告诉他，帮助他解决就业问题。同时，小张还为他申请就业培训，提高劳动技能，增加就业机会。起初，我儿子并不愿意参加培训，小张就多次上门做思想工作，还请社区支部书记打电话给他，告知他参加培训的目的和意义。通过努力，我儿子最终答应参加培训。小张还主动联系了镇人社中心，为我儿子申请了就业援助岗位，负责玉山社区七角寨组内道路清洁、河道清理等工作，每月有 400 元收入。我儿子将家里的田地也耕种起，秋天收了十几袋稻谷。

扶贫路上，小张就像政策快递员一样，在我遇到困难时，将党和国家的惠民政策及时送达。记得那是2019年11月的一天，小张像往常一样到村组宣传“新农合”征缴政策，我对她说：“现在又开始交合医了啊，这‘新农合’政策是好，但费用每年都在上涨，怎么交得起哦！”小张乐呵呵地说道：“黄叔，你不要着急，你有低保，根据今年的政策，享受低保人员的合医还是由民政部门全额缴纳，250元你一分都不用出。至于你儿子黄胜德，国家也会补助120元，他自己只交130元就行了，你让他记得把合医交了啊。”

还有2020年3月的一天，小张发现我还有1个月就满60岁了，可以申请领取养老保险金了，她立即到玉山镇人社中心详细了解申报领取养老保险金需要准备哪些资料、要怎么办，然后跑到我家告诉我这一好消息，之后又为我准备好申报资料并递交到镇人社中心。我从2020年4月份开始领取养老（保险金），每月102.79元。

还有“先建后补”养殖产业扶持政策、金融“特惠贷”政策、财政扶贫生猪养殖政策，等等，小张总是及时到我家向我传达各项政

黔南州瓮安县玉山镇美丽新农村

策，积极为我争取各项政策扶持，为我家脱贫出谋划策。即使后来我家脱贫了，小张他们这些帮扶干部还是一如既往地帮扶我们。

近几年，瓮安县通过实施农村人居环境改造、透风漏雨房屋整治以及产业路等项目，让农村的生产生活条件得到了很大的改善。原来的老旧房屋得到改善，焕然一新；入户道路从以前的泥巴路变成了干净的水泥路，下雨天脚不沾泥；庭院边还有太阳能路灯站岗守卫，农村的夜不再那么黑了；各交通要道还有公安的“天网”监控放哨，我们老百姓的日子真是越过越安逸了。

麒麟山下的“老兵”

“感谢感谢再感谢，感谢领导来驻村。以前修了养鸡场，产业致富挖穷根。田书记呀田书记，你来驻村何打算？想方设法跑项目，一心为民来脱贫……”夜晚的厦格侗寨热闹非凡，鼓楼里的柴禾呼呼地烧，村民尹婢转正亮开她的好嗓子，一字一句地教大家唱自己编的侗歌，歌词里的田书记就是贵州省政协派驻黔东南州黎平县肇兴镇厦格村的第一书记田自文。

阳春正三月，巍巍麒麟山。2018 年驻村的号角吹遍贵州大地，吹进了苗乡侗寨。田自文，一位刚转业到省政协的“老兵哥”，肩扛组织交给的重任，以驻村第一书记的身份来到了黔东南州黎平县肇兴镇麒麟山脚下一个叫厦格的侗寨。同时，他还担任省政协驻黎平县同步小康驻村工作队副队长、黎平县委常委、黎平县副县长等职务。

“田书记来了还不到一年，我们村呀就发生了翻天覆地的变化，他呀，就是我们厦格村的家人。”从最朴实的歌词到群众最真诚的认可，一位与当地群众共战贫困、共谱新曲的第一书记的形象跃然纸上。

党建引领“三把火”，“后进村”变成“先进村”

厦格村位于肇兴镇东北部，距镇政府驻地 5 公里，是 2014 年由原来的厦格村和厦格上寨村合并而成的大村。刚到厦格，田自文就把入户调研作为自己驻村工作的“打门锤”。在深入走访中，他听到最多的是反映厦格村和厦格上寨村不和气、村“两委”班子不和谐、干群关系不融洽、群众脱贫意识不强等问题，这些是连镇党委都觉得头疼的“疑难杂症”。

只要思想不滑坡，方法总比困难多。面对调研出来的难点问题，这位军人出身的第一书记可不信邪。作为驻村工作队副队长，他是县领导，本可以在镇上的宿舍住空调房，每天开车上下班，但他却选择住在破旧的村委会办公楼。用他自己的话来说，“我们驻村干部不是来享福的，我是来为老百姓解决问题的”。人们常说“新官上任三把火”，为掌好党支部这个“火车头”，田自文围绕加强村级党建也烧了“三把火”——阵地建设、制度建设和作风建设。车头不好使，就要来个“大修理”。为了把村委会办公楼维修好，他多次向“娘家”省政协“诉苦”，先后争取到 2.91 万元用于维修村委会办公楼，同时还对接了广西湘英国际物流有限公司，获赠 2 万元打造村级党建文化，将原本破旧的村委会办公楼打造成村“两委”干部的“办公屋”、群众办事的“暖心家”。他组织党员、村干、寨老和群众代表建立规章制度、修改村规民约，把不实的作风关进制度的“笼子”；在全镇率先实行“村干坐班制”，制定每周值日表，使党员干部“正了歪风、接了地气”，让老百姓办事能随时找到组织，找到人。

“请大家看展板，在第一书记的带领下，厦格的环境变好了，干部的作风变实了，群众的自豪感出来了……”全镇“党支部建设年”

观摩会在厦格召开，支书嬴文修在介绍村情概况时，心里满是底气。

驻村近 2 年，与驻村工作组帮扶干部共走访群众 10300 余人次，帮助谋思路出点子 68 个，解决困难问题 182 个，办实事好事 246 件……这一连串的数据记载着一位驻村第一书记的坚守，也见证了一个村的蜕变。

黔东南州黎平县肇兴镇厦格村新貌

心里装着老百姓，“群众事”就是“自家事”

“作为共产党员，我们不要忘记为什么出发，要时时刻刻牢记把老百姓的事当成自己的事来干。”每次党支部会议，田自文总是这样提醒大家、勉励自己。行动上，他也确确实实始终把老百姓的事当成“自家事”来做。

刚到厦格村时，田自文总是操着一口贵阳味儿普通话和群众打招呼，村里的群众都觉得他说话有点“酸酸”的。因为不会讲当地的侗话，田自文还闹了不少笑话。跟群众打交道成了一门“必修课”。为了和当地群众打成一片，田自文经常到群众家不断“补课”，有事没事总爱去村头寨尾走走，去田间地头聊聊，到鼓楼寨门看看。为推广“一米小菜园”计划，他自己下地把村委会旁的空地开垦出来种植瓜果蔬菜，既起了示范作用，又丰富了驻村干部的餐桌。农忙时节，他与村民同吃同住同劳动，帮他们插秧打谷，修埂筑坝；为整治村里的卫生环境，他经常早上起来就拿着扫帚、推着垃圾车在村前寨后打扫，下午又挽起裤腿带头下河拾垃圾；村里修生产机耕便道，他挽起袖子搬石运沙，忙前忙后不亦乐乎。村里的群众经常和他开玩笑："田书记快成为田间地头的书记啦！"

“嗬，这个护栏搞得好！”“还不到一个月就建好了，没想到他们动作这么快。”“这得感谢田书记哦。”让厦格群众赞不绝口的是厦格进寨公路的新变化。从公路到厦格寨子有 1.3 公里的水泥路，由于路面只有 4 米宽，且弯多坎高，给群众出行带来了很大的安全隐患。为了消除安全隐患，田自文多次与县农村公路管理局积极对接，最终争取到 1000 米的公路护栏，为群众筑牢安全“生命线”。

田自文的笔记本中详细记录着一年来的帮扶成果：帮助解决民族文化活动广场项目建设 5 万元、村级综合文化室建设项目配套设施 5 万元、村综合文化服务中心工程 10 万元；争取 15 万元完成农村危房改造 2 户、老旧住房透风漏雨整治 24 户，完成易地扶贫搬迁 14 户 58 人的搬迁入住；完成 2 个村卫生室的标准化建设改造，使群众看病更方便；争取 6 万元硬化厦格村城格小学上学步道，让学生上学更安全；争取资金 71.64 万元完成了厦格上寨 1、4、5 组 149 户 703 人的人饮工程，并投资 24 万元对厦格村自来水供水系统进行更新维修；争取 5.6 万元开展人居环境整治暨农村“清洁风暴行动”，资金用于公厕保洁、宣传标牌建设等。

“我们将以发展产业为契机，紧紧围绕‘食、宿、行、游、购、娱’六要素做好乡村旅游发展规划，动员广大群众开办农家旅馆、打造精品民宿、挖掘民族文化、开发旅游商品，把麒麟山下的厦格村真正打造成肇兴美丽的‘后花园’。”对于厦格村未来的发展，田自文早已经谋划在心……

一本日志里的战贫故事

贵阳市开阳县花梨镇新山村的驻村工作队队员唐剑，本是开阳县自然资源局的一名业务骨干。驻村期间，一本走访日志记录了这位“干部”和乡亲们一起品尝的酸甜苦辣，以及村民生活的巨大变化。

无助 · 希望

“唐叔叔，我不想上学了……”这是唐剑与驻村第一书记下组走访时龚明艳对他说的话。18 岁的龚明艳，在内蒙古呼伦贝尔学院读大二，家中父母离异，母亲已重组新家庭，父亲于 2020 年 6 月 5 日因病去世。“我们必须帮助这个小姑娘，让她安心回到学校。”唐剑和驻村第一书记商量道。经过多方协调，工作组联系到贵州美联博雅房地产开发有限公司爱心援助龚明艳学费及生活费 2 万余元，村里还及时为其办理了临时救助和最低生活保障。“感谢唐领导他们，孩子有了希望！”龚明艳和她的伯母一早就到新山村委来感谢村“两委”及驻村队员。2 年来，唐剑与驻村工作组积极协调爱心协会及人士帮助留守儿童共 6 人。

干部 · 队员

在单位，唐剑是同事们口中的“老唐”，而在村民们眼里，唐剑是个实实在在的“村里人”。“没有厨房，没有洗澡的地方，文化宣传栏简陋……”这是2018年4月2日唐剑刚到新山村时面临的艰苦条件。不到一年的时间，唐剑走遍了村里的每个角落，想方设法地让贫困户彻底拔掉“穷根”。

为给村里“立业”，唐剑和第一书记及队员们分头行动，联系项目、筹集资金，通过产销联结，新山村集体经济蛋鸡养殖项目逐渐有了起色。2019年11月该项目投放鸡苗1376只，2020年2月开始投产，每日产蛋量为600至700枚，每枚价格在1元左右，利润的50%用于利益联结贫困户5户11人，为村集体及贫困户带来了实实在在的经济收入。“我们学到了养殖技术，不停地干，销路稳定，不担心……”贫困户王龙全说。

唐剑为村民翻修房屋搬运沙石

2019年12月，唐剑积极为蔡春平等6户建档立卡贫困户协调争取到生态护林员名额，每户每月能争取到800元的劳务补助金。

截至2020年，唐剑和驻村工作队队员们积极协调、多方争取，共筹集资金20余万元，用于改造村容村貌，改善办公环境；协调县自然资源局实施美丽乡村项目1个，涉及资金约16万元，为村民及贫困户带来 1.8 万元的务工收入；争取贵阳市税务局资金 12 万元用于新山村的产业结构调整和疫情后的复工复产工作。

小家 · 大家

“妈！你刚出院，我又要离开一段时间，后面由姐姐们照顾你，我要到花梨新山村……”这是唐剑为 83 岁高龄、患冠心病的母亲办完出院手续，对母亲和三位姐姐的请求。

“如果周末办事顺利，我就回来；如果不顺利，你就帮我多照看下。”到新山村的第 5 天，唐剑在微信视频里和大姐交谈着，“我害怕，母亲年纪大了，身体一日不如一日，哪天她突然走了，我却不在她身边……”

唐剑家距离新山村仅 1 个多小时车程，可他一年驻村 300 多天，每次回家多是为了给村里办事、回县里开会、跑单位和企业为村里协调资金和争取项目等。家成了他晚上住宿的“酒店”。“今天有点起不来了，昨天走访时间太晚，有点累着了……”躺在村里的一张硬板床上，唐剑的内心和身体“斗争”着，“但是，黄宪忠家在建房子，人手不够，我得早点去帮忙，让他尽快住进新房子。”

2019 年 5 月，村民黄宪忠喜迁新居，家中干净整洁，幸福的日子蒸蒸日上。自 2018 年以来，新山村改造危房 16 户，水泥路硬化 28.258 千米，安装路灯 50 盏，栽种绿化树 2240 棵，村居环境焕然一新，建档立卡贫困人口 31 户 96 人都已实现脱贫。

“待到离开时，望着这里发生的改变，付出就都有了意义。”唐剑在日志里写道。

“麻怀干劲”书写奋斗奇迹

20世纪末，在距离大关村20公里的另一座大山里，有一个人接过了何元亮的接力棒，带领村民两次挖山，用12年“啃”出了一条216米长的出山隧道，她就是“当代女愚公”邓迎香。为出路而战的麻怀人，汲取“大关精神”营养，打通了阻隔世世代代的出山路，创造了“不等不靠、敢想敢干、齐心协力、攻坚克难”的“麻怀干劲”，成为黔南州继“大关精神”之后扬起的又一面反贫困精神旗帜。

穿过麻怀隧道，里面别有洞天。

夏日的蝉鸣里，荷叶迎风展，荷花向阳开，村庄美得像一幅色彩斑斓的油画。

为出路战天斗地

时间的指针拨回到20世纪末。

全村671位群众分散居住在4个小山洼里。村民们要出山，得手脚并用爬走两个小时的山路；孩子上学读书天不亮就得出发；村里的果子熟了只能烂在地里；村民建房子，材料运输比登天还难；猪养大了只能宰好后分成小块驮运到市场卖。

然而，村外的那条公路和村民们之间的直线距离仅仅不到1公里。这 1 公里，成了麻怀村民心里的痛。

1999 年秋，国家实施农村电网建设，麻怀村因山高路险，电线杆子和变压器运不进来，眼看点亮电灯的梦想就要“泡汤”。

村干部李德龙意外发现半山腰上有一个 40 多米长的溶洞，一头连着山里，一头伸向山外。经过商议，村民一致同意以溶洞为突破口，挖一条通往翁井的隧道。

说干就干，随着 1999 年农历十一月初八的一声炮响，邓迎香和麻怀人拉开了长达 12 年之久的凿洞修路的序幕。村民们从山的两侧顺着溶洞水流的方向，一锄一铲地往里凿……

没有运输工具，就人背马驮；洞里的石头不好运出山洞，老少就站成一排，把石头一块一块地转运出山洞。村民们白天在坡上干农活，晚上加班凿隧道，没有电灯就点蜡烛、点煤油灯干。

2000 年，只能容纳 1 人爬行的隧洞打通了。经过断断续续的挖掘扩宽，到 2011 年夏天，一条长达 216 米、高 4 米、宽 4 米的“麻

邓迎香（右四）带领村民修建的麻怀隧道

怀隧道”最终建成，麻怀村通车了。麻怀人演绎了现代版的“愚公移山”的故事。

2014年，在罗甸县政府的支持下，隧道得到加固，路面得到硬化，还安装了路灯，大车小车畅通无阻。

山路打通以后，村民们做的第一件事，便是盖房子。“以前路不通的时候，盖房子的砖、砂石、水泥只能用马去驮。”村民刘清珍说，隧道通后，他们家的房子几个月便盖好了。

为致富打开山门

战天斗地的麻怀人，身上有一股敢想敢干的劲头。

山门打开后，积蓄一身力量的村民开始走出大山，他们要闯天下，要挣钱，要过上幸福的日子。

“不少村民带着孩子搬到县城去住，自己在工地上打工挣钱，孩

黔南州罗甸县麻怀村新貌

子在县城的学校读书。”邓迎香说。从麻怀走出去的村民，在建筑上都是一把好手，有一半以上的人，遍布在罗甸的各大建筑工地上。

建筑经验丰富的任达发组建了一支建筑队，成了一名包工头。“一年至少能挣个 50 多万吧。”任达发说，现在的日子和以前天差地别，走出去后才知道，外面的世界很精彩。

2021 年，麻怀村的大棚里种植了红托竹荪。麻怀村驻村工作队员金修付介绍，大棚里种了 2 亩红托竹荪，亩产量达 1500 斤，以市场价每斤 50 元销售，能够产生经济效益 15 万元，带动当地用工 60 人。

金修付就是麻怀人，回到家乡工作，他的干劲更足了，“老一辈人的使命是挖山开路，让麻怀人走出去。我们这代人的使命就是参与到麻怀的产业发展和环境整治中，搞好‘二次创业’，让麻怀变得越来越好。”

“我和丈夫加起来，每个月有近 7000 元收入。”在大棚里务工的村民李紫妹说。她在基地里上了 3 个多月的班，最多的一次领了 3000 多块钱的工资，丈夫在罗甸县城的建筑工地上打零工，每个月也有 4000 块钱。“村里有产业，我们才有挣钱的地方，以前想挣钱都没有门路。”说起如今的日子，李紫妹脸上笑开了花。

麻怀村的变化，吸引外出务工的年轻人纷纷返乡创业。

39 岁的袁端胜是麻怀村村委会副主任，他成立了一家养殖专业合作社。“我们目前养有羊、黑毛猪、鸭、鹅等，年收入在 20 万元左右。”袁端胜说，山门打开后，他到江浙一带打工，干过鞋厂流水线操作员，做过鞋厂现场管理、车间主管，最终通过自身努力在 2008 年创建了自己的鞋业加工厂，年收入有 20 多万元。

在事业渐入正轨之时，袁端胜毅然回到家乡，和几个村民合伙成立了罗甸创达养殖专业合作社。2018 年，袁端胜养殖的 1000 多头生猪实现创收 100 多万元，解决了 10 多户群众的务工问题，并以 20 万元的 5%、5.5%、6% 的比例利益联结 10 户贫困户。

“家乡的变化越来越大了，我就想回来，为振兴麻怀贡献自己的一份力量。”袁端胜说，接下来他将进一步扩大产业规模，带领更多的村民致富。

隧道打通了之后，麻怀村一天一个样。脱贫攻坚让麻怀人从“身无碎银几两”到“余钱荷包里躺”，年人均收入突破 14000 元。

“我们正在打造‘迎香’品牌。”邓迎香说。麻怀村成为省级党建扶贫示范基地、省级党性教育培训基地后，接待省内外参观人数上万人次，麻怀村党支部紧紧抓住这个机遇，将“人文精神”转化为“市场品牌”，向外宣传展示“麻怀干劲”的同时，“迎香”品牌影响力不断提升。

近年来，麻怀村立足资源优势，找准目标定位，通过“联村党委 + 公司 + 产业 + 农户”的方式，实现要素聚拢、资源抱团，探索实施联户共建、联产共营、联市共销、联利共赢的“四联四共”发展模式，做实产业文章。

洗礼思想的阵地

今天，麻怀村已成为贵州省党性教育基地，“麻怀干劲”成为每个党员干部必须接受的一场精神洗礼。

重走麻怀出山路；穿越麻怀隧道；参观“大关精神”“麻怀干劲”陈列馆；体验麻怀村产业现场教学，“大关精神”“麻怀干劲”主题党课，《大关精神“永放光芒”》《麻怀干劲迎香来》视频教学……

这是麻怀党性教育基地现场教学的精品课程。生动的教学，让每一位前来参观和培训的学员为之震撼，由衷钦佩。

2018年11月24日，在罗甸县举行的“挺起大山脊梁决战脱贫攻坚——新时代贵州精神黔南实践”研讨会上，中央党史和文献研究院院务委员、研究员、博士生导师季正聚认为，“麻怀干劲”的“干”字，体现在村民不等不靠的干劲上。中央党校督学、教授乔清举认为，“麻怀干劲”的“劲”，体现在以邓迎香同志为代表的广大人民群众中间。新时代的愚公移山精神，就是中华民族自强不息的精神，是自力更生、艰苦创业的革命精神。

靠着这股“麻怀干劲”，麻怀村先后入选为“全省党建扶贫基地”“中共贵州省委党校、贵州行政学院教学基地”“中共贵阳市委党校干部教育培训基地”“国投集团党员教育基地”“贵州大学新农村发展研究院麻怀村综合示范基地”“全省乡村旅游重点村”“黔南州中小

学习“麻怀干劲”，激发前进力量

学生研学旅行基地”，等等。

麻怀人以不等不靠的志气、敢想敢干的智慧、齐心协力的团结、攻坚克难的拼搏，成为脱贫攻坚战场上自强不息的先进、自我超越的典范，在贵州大山深处树起了一座精神丰碑。

邓迎香说，以前的“麻怀干劲”是要打通出山路、解决温饱，现在的“麻怀干劲”则是要带领乡亲们发展产业，建设美丽乡村，让村民们过上更加幸福的日子。

二、搬进新家　开启新生活

从山沟到城镇，从下田到上班，从农民到市民，贵州实现了 192 万人的壮阔大迁徙，创造了彪炳史册的易地扶贫搬迁的人间奇迹。

易地扶贫搬迁群众的小康路

壮阔大迁徙，一步跨千年。

从“忧居”到“优居”，从“苦业”到“乐业”，贵州书写了易地扶贫搬迁的大文章，省委、省政府创造性地探索出易地扶贫搬迁的“六个坚持”（坚持省级统贷统还，坚持自然村寨整体搬迁为主，坚持城镇化集中安置，坚持以县为单位集中建设，坚持不让贫困户因搬迁而负债，坚持以产定搬、以岗定搬）和后续扶持工作的“五个体系”（基本公共服务体系、培训和就业服务体系、文化服务体系、社区治理体系、基层党建体系），带领易地扶贫搬迁群众奔向小康路，把安居乐业的梦想扎根在城市新家园。

2020 年 7 月 4 日一大早，在铜仁市万山区旺家社区的易地扶贫搬迁安置点，陈霞吃过早餐便下楼上班。公司就在新家楼下，她现在的职业是一名“人工智能标注师”。

2018 年，陈霞一家从大山深处的印江自治县杉树镇冉家村搬入了旺家社区。丈夫外出务工，她独自在家带孩子，成为一名“留守妈妈”。2019 年 8 月，社区启动人工智能产业扶贫项目并招收工人。陈霞立马报了名，参加了免费培训之后顺利入职，“真没想到，在家门口就能找到工作！”

从深山土屋搬进城区楼房，从“留守妈妈”到“人工智能标注师”，陈霞的生活变迁，是贵州易地扶贫搬迁群众走上小康路的一个缩影。

2015 年 12 月 2 日，贵州在全国率先打响易地扶贫搬迁“第一炮”，用了不到 4 年的时间，全面完成 188 万人易地扶贫搬迁的任务，搬迁人口规模约占全国的 1/6。贵州从全国搬迁规模最大、任务最重的省份，成为率先完成易地扶贫搬迁的省份。

跨入新天地：从山旮旯到新城镇

目送用了 50 多年的老水缸被送进“乡愁馆”，秦跃仍然觉得不可思议——自己家里真的再也不需要水缸了。

秦跃的老家在铜仁市沿河自治县中寨镇大坪村，山高坡陡，干旱缺水，村里家家都有一口蓄水的大水缸。

2019 年 9 月，得益于跨区域易地扶贫搬迁，秦跃带着父母和妻儿，搬到了 200 千米之外的铜仁市碧江区正光易地扶贫搬迁安置小区，住进了 4 室 1 厅的宽敞新家。在新家，打开水龙头就有自来水，老水缸宣告“退休”，被送进了当地正在修建的“乡愁馆”。

2020 年，秦跃通过参加铜仁市事业单位招考，成功进入面试，一家人渐渐在城里站稳脚跟。

贵州贫，很大程度上贫在“一方水土养不起一方人”。2015 年冬天，贵州启动了规模空前的易地扶贫搬迁，成为全国搬迁人数最多的省份。

干非常之事，需非常之策

贵州用城镇化发展思路破解山区贫困难题，围绕“搬得出”，创新“六个坚持”举措。2017 年，省级层面先后出台了 17 个政策性文件，系统建立和完善城镇化集中安置政策措施。

2016年8月22日至23日，全国易地扶贫搬迁现场会在贵州召开。2019年4月11日至12日，全国易地扶贫搬迁后续扶持工作现场会又在贵州召开，这是对贵州易地扶贫搬迁工作的检阅，更是肯定。

截至2019年底，全省累计建成安置项目946个、安置住房45.39万套，累计完成搬迁入住188万人，其中城镇化安置179万人，占比95.2%。

“新家好！现在土地流转了，不用种地了，儿子就在园区上班，就医、就学都方便！”坐在宽敞明亮的新家，安顺市西秀区飞虹路彩虹社区的何天友感慨万千。2年前，何天友一家4口从杨武乡最偏僻的补董村搬到了80平方米的新家，生活发生了翻天覆地的变化。

易地扶贫搬迁安置点安顺市西秀区飞虹路彩虹社区

迈入新时代：从田间地头到工厂车间

2020 年 7 月 3 日清晨，榕江县蔬菜采选场热闹非凡，上百名工人们或分拣或装筐或搬货……忙碌有序。

“每天 8 点上班，6 点下班，包中午饭，有七八十元收入。”40 多岁的杨老厦边拣辣椒边说。她家原来住在月亮山腹地的兴华乡高排村，靠种田为生，后来搬进了榕江县城卧龙小区，如今还有一份稳定的工作，“这日子好得，真是做梦也想不到。”

卧龙小区位于黔东南州榕江县城北新区，距车江坝区 5 分钟车程，聚居着全县 19 个乡镇 1813 户易地搬迁群众，其中建档立卡贫困户 1734 户 6786 人。截至 2020 年，在坝区务工的搬迁群众有 3872 人。

像杨老厦一样，如今在贵州，越来越多的搬迁群众不仅住上了新房，还当上了产业工人。

搬得出、稳得住、逐步能致富。2019 年 2 月，贵州做出了全力构建基本公共服务、培训和就业服务、文化服务、社区治理、基层党建“五个体系”的制度性安排，工作重心从以搬迁为主向后续扶持为主转变，着力写好易地扶贫搬迁“后半篇文章”。

在后续扶持工作中，贵州把就业放在最突出位置，全力做好搬迁劳动力就业服务指导，同时通过发展产业、对外劳务输出等多种方式，确保有劳动力搬迁家庭每户至少 1 人稳定就业。

2020 年以来，面对新冠肺炎疫情这道“加试题”，贵州干部群众上下一心，有序推进搬迁群众就业工作，因地制宜谋划新建扶贫车间和基地，切实解决搬迁群众就地就近就业问题。

2020 年 4 月 30 日，《贵州省人民政府办公厅关于进一步加强易地扶贫搬迁群众就业增收工作的指导意见》出台，通过拓宽就业渠道、强化就业增收政策扶持等 17 条举措，进一步促进搬迁群众就业增收。

“要不是因为好政策，我们两口子还在大山里打转。”在铜仁市碧江区矮屯易地扶贫搬迁安置点扶贫车间，蔡世萍正在编制藤制品。

67 岁的蔡世萍与老伴从印江自治县沙子坡镇冷水捱村搬迁到矮屯安置点后不久，听说这里的扶贫车间不限年龄招工，便第一时间报名。“我眼神不太好，主要是帮老伴打下手，一天下来我们能赚 90 元。”

矮屯安置点有来自印江、松桃等地的搬迁群众 2900 多户 1.3 万余人。当地引进制鞋帮、藤编、刺绣等手工活，解决了搬迁群众居家就业难的问题。

以前放下锄头就不知道干啥的罗桂芳，搬到惠水县明田街道新民社区后，跟着扶贫车间师傅学习“唐人娃娃”制作技艺。“跟师傅好好学，争取早点出师。”这是她现在最迫切的愿望。

融入新生活：从老农民到新市民

“两位不要害羞，靠近一点，笑一笑拍出来才好看。”铜仁市石阡县汤山街道平阳社区，53 岁的杨胜宏和妻子张玉屏来到居委会 3 楼拍婚纱照。

这正是平阳社区开展的“新市民 · 追梦桥”工程中的其中一项服务——为搬迁群众拍婚纱照，以提升他们的幸福感。

“以前在乡下，只求温饱，没这些讲究。”杨胜宏笑着说。如今通过易地扶贫搬迁，他们搬出大山过上了好日子，也学着城里人，补拍婚纱照，融入新生活。

为帮助移民“快融入”，贵州按照“安置点建到哪里，社会管

易地扶贫搬迁安置点晴隆阿妹戚托小镇

理和社区治理体系就覆盖到哪里”的要求，及时建立健全管理机构、群团组织和居民自治组织，让他们的生活实现新跨越，真正成为“新市民”。

在黔西南州晴隆县易地扶贫搬迁安置点阿妹戚托小镇，凡是搬迁到这里来的群众都有一个新身份——“新市民”，他们享有同等的城市配套、同等的公共服务、同等的市民待遇，在就业创业和就学就医上还有更多优惠，凭证还可享受子女免试就近入学、办理出入境证件等 39 项公共服务。

“我们现在月月有赛事，周周有活动，夜夜有欢歌。”三宝街道副主任鄢娇说，小镇依托彝族“火把节”开展了一系列社区文化活动，帮助搬迁群众快速融入新生活。截至 2020 年，来自三宝彝族乡的 1195 户 6112 名新市民稳稳扎根阿妹戚托小镇，开启新生活，创造小康景。

“安置点在哪里，服务就延伸到哪里。”贵州所有安置点在项目建设时就同步谋划了社区卫生室。部分集中安置区依托周边医疗资源，保障了搬迁群众的基本医疗需求。

大山深处，看病难。而现在，“小毛病不用挨，慢病有新政策，负担轻了，日子更有盼头。”搬到黔东南州剑河县仰阿莎街道思源社区的60多岁的粟周然说，“最满意的是下楼就是卫生站，随时能够量血压。”

截至2020年，贵州易地扶贫搬迁后续扶持已实现了“六个100%”：100%实现教育配套设施全覆盖；100%实现医疗卫生服务全覆盖；1万人以上集中安置区100%设立街道办事处；200个3000人以上集中安置区100%设立警务室；842个集中安置区100%设立综合服务中心（站），实现综合服务全覆盖；有党员的集中安置区100%设立基层党组织，实现了党的基层组织全覆盖。

从山沟到城镇，从下田到上班，从农民到市民，贵州创造了彪炳史册的易地扶贫搬迁人间奇迹。新与旧，苦与乐，搬迁群众家家户户都在家里显眼处挂了两张照片：一张是大山里的老破屋，一张是现在的新生活。父老乡亲们对美好生活的热望，正在各地党委、政府的精心呵护下拔节生长。

村庄变社区，村民变市民

2019年2月14日，农历正月初十，走进黔东南州丹寨县最大的易地扶贫搬迁安置点金钟社区，映入眼帘的是崭新的楼宇、整洁的路面、完善的设施，到处都充满着现代化生活的气息。

走进易地扶贫搬迁户唐平家，大门上贴着“攻坚齐建幸福家，脱困共铺致富路”的红对联，年味十足，折射出一家人现在的幸福生活。

“刚搬离老家来到县城居住时，心里还是舍不得，但想到搬来县城后，两个孩子读书和老人家看病就医都很方便，还是狠下心了。”唐平回忆起当时的场景，“不过现在我们感到很幸福，没有后悔当初的选择。”

唐平的老家在丹寨县雅灰乡乌棉村，是典型的贫困村，交通十分不便，村民的收入主要来自外出务工和种植田土。得益于国家易地扶贫搬迁政策，2018年8月，唐平一家5口住进了移民小区。新家100平方米，有宽敞的大阳台，家里还新购置了沙发、洗衣机等家具和家电，唐平一家俨然过上了“城里人”的生活。

“多亏了国家的扶贫政策，让我们搬出大山，圆了新房梦！”唐平说起易地扶贫搬迁政策，喜悦之情溢于言表。

“搬家那天，正赶上开学。一大早，我们就忙碌起来，收拾行李，送女儿到丹寨县金钟易地扶贫搬迁安置点小学报名上课，然后前往新家。”唐平说。

子女就学有了保障，唐平也不用再到处“漂泊”。夫妻俩在安置点的农贸市场租了个摊位，做起了卤菜生意，每月收入三四千元。“现在既可以照顾老人小孩，也有了稳定的收入和稳定的家。”唐平感慨地说。

住上了新楼房，找到了新工作，唐平彻底变成了“新市民”。

唐平身份的转变，正是丹寨县通过易地扶贫搬迁，改善贫困群众生产生活环境、改变增收渠道，逐步脱贫致富的一个缩影。

黔东南州丹寨县金钟社区易地扶贫搬迁安置点，苗族搬迁群众欢跳芦笙舞

像唐平一样努力奔跑和奋力追梦的群众，在金钟社区的安置点里随处可见。他们告别“穷根”的同时，也影响着一些尚存疑虑的、居住在大山深处的人们。

兴仁镇隆坡村贫困户刘启兵家里有 6 口人，过去他和弟弟一直蜗居在父母留下的只有几十平方米的老宅里，老宅连厕所都没有，要上厕所还得跑到邻居家去。

由于家境贫困、家庭负担重，刘启兵常年在外打工。在驻村帮扶干部的帮助下，刘启兵于 2018 年递交了易地扶贫搬迁申请书，仅 3 个月时间，他就领到了新房的钥匙。

这天一大早，刘启兵早早地出了门，赶上了兴仁镇到县城最早的一班车，来看自己的新房子。

年前一直在广东打工，安置房的钥匙也是刘启兵的弟弟帮他领的，新房什么样，他一直没亲眼见过。

来到安置点金钟社区，站在新家的门口前，刘启兵掏出钥匙将门打开，看到新家宽阔明亮、装修齐全时，他半天没有回过神来，嘴里嘀咕着不敢相信。

走进屋里，刘启兵频频点头，喜悦之情溢于言表。查看了一圈新房后，刘启兵就指着各个房间说起自己的打算：这间给两个女儿，这间给两个儿子，这间我和爱人住，厨房这里可以摆张桌子吃饭，阳台可以隔出一半来堆杂物……

看完新房后，刘启兵又掏出手机，拨打了帮扶干部的电话，告诉干部自己已看到新房，还不停地说着感谢。

“只需要购买家具，做些简单装饰，就可以入住了，有这么好的政策，我们老百姓得了实惠。”刘启兵说，“下一步，我准备将 4 个孩子都送到县城来读书，和爱人在社区里学习点技术，然后找个工作，安安心心地生活，相信未来的日子会越来越好。”

搬迁带来美好幸福新生活

健身活动广场、搬迁服务中心、文化活动室、社区卫生服务站、人行道、绿化带等配套设施齐全，数十栋美轮美奂的楼房林立；刚买了新鲜蔬菜的住户们有说有笑地朝新家走去，孩子们则在一旁嬉戏玩耍……这里是铜仁市碧江区响塘龙易地扶贫搬迁集中安置点。2017年，在全市跨区县易地扶贫政策支持下，来自沿河、松桃的易地扶贫搬迁户，在响塘龙易地扶贫搬迁集中安置点扎根，开启了幸福新生活。

侯加泽正要与同伴在小区开展例行巡逻工作。他说，通过易地扶贫搬迁政策，他们一家从偏远的深山搬迁到了响塘龙安置点。

在相关部门的帮扶下，他在小区干起了保安的工作，因为专业技能过硬，现在又当上了小区保安队队长。如今，侯加泽实现了就近就业，看到生活一天比一天好，他心里乐开了花。

“国家的政策好，不仅帮助我们搬出穷山沟，住上新房子，还解决了就业问题，让我们过上了好日子。”提到易地搬迁政策，侯加泽一家人赞不绝口。在相关部门的协调下，侯加泽的3个小孩就读于响塘龙安置区周边的铜仁市第十五中学和铜仁市第七小学，妻子也在铜仁市第十五中学当保洁员，每个月都有不错的收入。

和侯加泽一样的还有滕召隆、谭云芝夫妇。夫妻俩搬迁到响塘龙后，就在小区开了一家小卖部。周边的居民常来购买日常用品和零食，生意也越来越好了。“我们夫妻分工合作，算下来每月的收入还挺可观。”谭云芝说起自家的生意，笑容始终挂在脸上。

谈起孩子的就学问题，滕召隆、谭云芝夫妇感受颇多。搬迁前，他们住在松桃县沙坝河乡桐木村，因为所在的村组没有学校，孩子只能到离村子很远的镇上读书。山高路远，孩子们每天要走上 1 个多小时的山路才能到学校。

“现在好了，两个孩子都在离小区不远的七完小学上学，从家里出发，走十几分钟就能到学校了。”滕召隆说。

铜仁市碧江区农家书屋

为了更好地让搬迁户实现就业，该区开展了多场次的就业招聘会，农夫山泉、好彩头、百丽鞋厂、金瑞锰矿等10家企业为搬迁户提供了1万多个岗位，确保搬迁户一户一人就业。区就业局、区工会也积极在安置区内开展就业宣传、就业咨询、就业培训活动，让搬迁群众搬得进来，住得下去。

搬迁户姚敦花也是受益者之一。得益于政策的对接，她到贵阳参加了美容美发培训，打算学成后回去开一家理发店，自主创业。“我们可以根据搬迁户的实际需要，或是为其推荐就业岗位，或是根据他们的需要联合其他部门开展技能培训，为搬迁户拓宽就业渠道，实现搬迁户的就业脱贫梦。”碧江区总工会相关负责人介绍说。

自搬迁工作启动以来，碧江区就做了充分的准备，按照统一部署，全程跟踪服务。易地扶贫搬迁使搬迁户们找到了舒心的工作，在看病方面也得到了很多实惠，足不出小区就可以看病就医，孩子们也实现了就近就学。

在响塘龙医疗服务室里，值班医生毛雪艳正在仔细地给前来进行常规检查的杨绪权、牟满香两位老人量血压。杨绪权是2017年第二批从沿河一口刀村搬迁过来的，“以前我们在农村，头痛脑热的时候，去小诊所都要走大半天，去大医院还要坐车到县城。现在好了，感冒之类的小病不用出门就能买到药。”杨绪权欣慰地说。

据卫生院医生毛雪艳介绍，医疗室存放的各类药品非常齐全，还配备了自动血压器、无创血糖仪等相关设备。同时，卫生院还设立了就医绿色通道，给搬迁户们建立了专门的信息档案，并针对搬迁贫困户出台了先看病后付费的政策，实现医疗报销比例在一般贫困户的基础上再提高5%。这些政策也让搬迁过来的贫困户打消了看病就医的顾虑，使他们能够安安稳稳地住下来。

响塘龙易地扶贫搬迁安置点只是碧江区易地扶贫搬迁工作的一个

缩影。2014年以来，碧江区全力推进易地扶贫搬迁工程，落实就学、就医、就业等保障政策，实现搬迁群众安居与乐业并重，搬迁与脱贫同步，让搬迁群众搬得出、稳得住、能致富，快速融入新环境并开启美好幸福新生活。

“搬迁过来后，就学、就医和住房这些问题全解决了。小孩上学方便了，离医院也近了，居住条件也比以前好了许多。新的地方新的开始，只要我们勤劳努力，就能过上好日子。”对于未来的美好生活，搬迁群众的内心充满期待。

挪穷窝　斩穷根　奔向新生活

毕节市七星关区柏杨林易地扶贫搬迁点是贵州省单体最大的易地扶贫搬迁安置点之一，截至 2021 年共搬迁群众 6372 户 29001 人。为让群众搬得出、稳得住、能致富，七星关区加大搬迁点医疗、教育等基础设施建设，建立就业扶贫车间，积极开发公益岗位，让群众在家门口就业，实现安居梦。

走进毕节市七星关区柏杨林易地扶贫搬迁安置点，一栋栋整齐的楼房在阳光的照耀下熠熠生辉。一间间宽敞明亮的房屋里，家具电器齐全，家庭其乐融融，充满欢声笑语。

从三板桥街道搬迁来的张以八，现居住在柏杨林街道阳光社区，她高兴地说：“我家搬进城里 3 年了，这几年的生活比在老家安逸多了。搬到这里后，住房条件变好了不说，政府还给我们配备了沙发、电烤炉、电视机等家具和家电，女儿也可以到家附近的荔湾中学上学，我们的生活、出行、孩子上学都方便了。”

张以八介绍，过去自己家住在三板桥街道大坡顶村，一家四口挤在老旧的房屋内，交通不便，水电不通。“就连吃水用水，都是看天，下雨了就把水积起来，用来生活。村里常年是稀泥烂路，加上我有严重的腿病，到了雨天更是没办法出门。”回忆起过去的艰辛，张以八泪光闪烁。

2019年，张以八一家搬迁到柏杨林搬迁安置点，结束了过去的苦日子。考虑到张以八腿脚不方便，社区特地将她家安排在一楼的房屋。

为使搬迁点的学龄儿童学有保障，七星关区配套建设了2所幼儿园、2所九年一贯制学校，并从全区选拔了200多名优秀教师到校任教，满足适龄儿童“上好学”的需求。

50岁的罗本令搬到城里1年多，她家原来居住在阴底乡箐口村，家中有5个孩子在上学，其中1个上小学、3个上大学、1个读研，供孩子上学曾经是罗本令一家压力最大的事。“我们贫穷就是因为没

易地扶贫搬迁安置点孩子们的校园新生活

受到好的教育，现在搬到城里，不仅住房条件变好了，最重要的是，孩子们上学的问题得到了解决，家里上大学的孩子都有教育资助，在上小学的孩子也转进柏杨林阳光小学，不用再翻山越岭地去读书，学校就在家门口，步行几分钟就到。”罗本令开心地说。

易地扶贫搬迁解决了群众的住房问题，也让学子上学的道路不再漫长。让搬迁群众在城市中“稳”住，是易地扶贫搬迁的重点。

从撒拉溪镇水浸沟村搬迁来的陆永琴夫妇，搬迁后便开始了自己的创业故事。在热闹的安置区广场边，夫妻俩经营起一家烧烤摊。每天早上陆永琴坐上公交车便能去批发市场进货，不仅在小区把生意做得风生水起，还能通过美团外卖收发顾客的订单。“交通很方便，去哪里都是一趟公交车就能到。平时生活中有困难，只要给社区干部说，他们都会及时替我们解决，让我们搬迁群众的生活更便利，也更温暖。”陆永琴笑着说。

每天收摊后，陆永琴和丈夫便利用休息时间做起了网络主播。“我们在网上通过直播卖一些家里的土蜂蜜，还有一些电脑配件，一个月能挣三四千元。”陆永琴说。

在和美社区的路边，江正富正开着小货车卖水果。搬迁之前，江正富家住在龙场营镇元岩村。元岩村地处深山，地薄人稀，十分偏远、闭塞。2019 年，政府对元岩村不适宜居住地区的村民进行了易地扶贫搬迁，村民们陆续搬出了大山。

江正富对搬迁后的生活十分满意：“我家之前住的是土墙房，房子很窄，也很老旧，下雨天还会漏雨，屋子里十分潮湿，连床都是湿润的，住房条件十分恶劣。搬迁到城里后，住房条件变好了，孩子们也转到城里上学了，我在城里照顾孩子的同时，自己也做一点小生意挣钱，现在是挣钱顾家两不误。”

45 岁的搬迁户罗龙英在毕节盛丰农业科技示范园找到了工作，

一个月能挣 3000 元。

7 位苗族女孩在政策的帮扶下，开设了民族服装加工车间，一条条民族服装加工线，在脱贫致富的道路上形成了一道绚丽的风景。“我们从层台镇搬过来，政府给我们提供了免费的生产场地，为我们保障了生产用电、用水等，还给我们介绍了销路，让我们挣到了钱。易地搬迁不仅让我们在城里找到了家，也找到了事业。”车间负责人王小妹开心地说。

在柏杨林集中安置点，像陆永琴一样实现就近就地就业的群众有 11812 人。这些都得益于七星关区积极落实各项创业扶持政策，加大

“扶贫车间”让易地扶贫搬迁群众实现家门口就业

创业扶持力度，鼓励各类企业就地就近吸纳贫困劳动力就业，同时加大公益岗位开发，开展“送岗上门”“培训上岗”，紧紧围绕搬迁群众生计方式非农化转变，积极搭建各种平台，多种方式促进就业，切实地解决了搬迁群众生存的后顾之忧。

社区文化建设是搬迁群众后续发展的内生动力。为了丰富搬迁群众的精神文化生活，促进搬迁群众尽快融入城市新生活，柏杨林易地扶贫搬迁安置点完善配备了社区儿童活动中心、老年人活动中心、文明实践中心、道德讲堂、图书室、脱贫夜校等活动场所共 42 个；建设文化娱乐广场 4 个、灯光球场 1 个、新旧生活对比馆 1 个；在中心广场安装大屏幕、广播音柱等，并组建文化队伍；指导群众自发组织红歌队、山歌队、广场舞队、苗族芦笙队等文艺队伍，以优秀民俗、民族文化为基础，开展群众喜闻乐见的、多种形式的文化活动，丰富群众的精神文化生活。

“搬到柏杨林后，我们的生活变得更有意思了。原来在老家，白天出门就是荒山野岭，天一黑就只能睡觉。现在我们每天都可以到广场玩乐，学习下棋、健身、跳广场舞。社区还有长幼日间托养照料中心，是服务我们老年人的地方，我们可以在这里娱乐、学习，花几元钱就可以吃一顿饭。现在的生活啊，从前真是想都不敢想的。”在日间照料中心，居民陈中银一边吃饭一边说。

柏杨林安置点不断创新活动载体，如通过传统节日主题活动、文化演出、课堂教学、音视频传播、群众会等多种形式载体，大力开展感恩教育、文明创建、公共文化、民族传承“四进社区”活动，有力促进搬迁群众文化共融，不断激发群众内生动力，增强归属感和幸福感，使搬迁群众在思想上安下心、生活上扎下根。

易地扶贫搬迁户的“田园工薪族”生活

清晨一到，唐老庆便睡不着了。“昨天已经到云岭街道的紫云自治县送雁劳务有限公司云岭分公司报名参加今天的务工，可不能迟到。”

唐老庆看了一眼时间，5 点 45 分，他径直走进干净的卫生间，一拧水龙头，白花花的自来水便流淌进了洗脸盆。洗漱穿戴完毕，他又走进厨房，打开橱柜，开启电磁炉，把昨天做好的饭菜稍微加热，吃了一个简单的早餐。

6 点 16 分，唐老庆为了让孙子多睡一会儿，轻轻将门关上，出了门。此时，云岭街道社区门口已经集中停放好了 5 辆大巴车，唐老庆心里想：“赶早不赶晚，今天提前了 10 分钟。”和当天的领班打了个招呼并签到，唐老庆就上车入座，等候其他前来务工的群众。

大约 15 分钟以后，120 余名城东社区的居民便在 5 辆车前报到完毕，上车入座。车队划分为两组，一组前往紫云自治县国有浪风关林场，一组前往板当镇狗场坝区，分别进行当天的务工劳作。这两组务工群众就是紫云自治县的“田园工薪族”。

约摸 7 点半，大巴车停在了浪风关林场的停车区，唐老庆和其他 50 余名社区居民开始下车。随车的领班正与浪风关林场相关管理人员对接，随后林场管理人员对当日务工工作进行安排和分工。

唐老庆被安排去采收大球盖菇。

大雨初霁，浪风关林场云雾缭绕。拿着采收筐，唐老庆往采收大球盖菇的区域走，在一排排、一垄垄的林下食用菌栽种基地内，按照采摘要求细致地采收大球盖菇。

唐老庆一家七口在2018年七八月份的时候，从紫云自治县宗地镇的深度贫困村德昭村搬迁到县城的云岭街道城东社区。挪了穷窝，摘了穷帽，唐老庆一家成了紫云县城的新市民。

“去趟镇上就靠一双脚板子，都是毛石头的山路，底盘低的车子根本进不来呀！”说起自己的老家德昭村，唐老庆满是感慨。

宗地镇德昭村地势陡峭，四面环山，家家户户都住在半山腰上，道路不畅，土砖、钢筋、混凝土等建材很难运进去，当地村民就地取材，盖起了木结构、墙体为竹编与泥巴混合的木质房子。

“木质的房子时间长了就容易变形，腐烂的都有。”唐老庆说。遇到刮大风下大雨，一家人提心吊胆、神经紧绷，生怕房子漏雨和垮塌，觉都睡不安稳。

当知道易地扶贫搬迁的消息时，唐老庆还有点不敢相信：“一家人这辈子还能搬出大山，做梦都不敢想。”

根据政策，唐老庆一家7口人搬进了紫云自治县云岭街道城东社区的楼房里，房子有2套，面积约140平方米。宽敞的卧室、独立的厨房、干净的卫生间……“下雨天终于能睡个安稳觉了。”唐老庆感叹，“真是感谢党的恩情！”

搬出大山，唐老庆3个孙子的读书问题也得到了有效解决。

“以前孩子们读书需要早起走20多分钟的山路，地势陡峭，大人走路都得加倍小心，何况是孩子呢？以前读书难呀！”唐老庆谈及以前孩子们艰苦的读书条件，非常感慨！

搬到县城后，孩子们就在城东社区旁的紫云自治县第六小学读书，走路仅仅几分钟就到了！

紫云自治县云岭社区新貌

“从村里的小学换到县城的小学，教学质量更好了，娃娃学到了不少知识。”唐老庆期盼着分别就读一年级、三年级和六年级的孙子们越来越有出息，“他们读书好了，我多干活也开心。”

林场的工作充实而忙碌，不一会儿就已经接近下午了，唐老庆将满满的几大筐大球盖菇放到了指定地点，由其他人进行分拣、运输；下午 5 点 50 分，接到领班通知，唐老庆收拾好工具，把当下的活收尾，准备下班。

“田园工薪族”们陆陆续续来到山脚的林场管理处，按照名字每人现场领取 100 元的务工费用。唐老庆拿着崭新的 100 元人民币，心里乐开了花。搬出了大山，工作有了着落，“勤快一点，一个月下来也有 2000 多元的收入，还能照顾家里人。”唐老庆很满足。

坐上返程的大巴车，速度似乎比来时快了。

大巴车停靠在云岭街道城东社区的广场上，车门一开，归家的人们径直往自己家的单元楼走去。

领到工资的唐老庆，心里舒坦，走路的节奏都比平时快了。到了家门口，他掏出钥匙，打开家门，见老伴做了满桌子香喷喷的饭菜。“老唐，回来了，快坐下歇一歇，最后一个汤马上就好！”老伴听到开门声，在厨房门口同唐老庆搭话。

唐老庆的 3 个孙子早已放学回到了家中，一家人的晚餐，其乐融融。饭后，唐老庆打开电视，靠在沙发上看着，感叹道：“这个电视、茶几和沙发都是党和政府发给我们的，现在政策是越来越好了！”

夜里 10 点，唐老庆和老伴说：“我先洗漱睡觉了，明天我还要去做‘田园工薪族’呢！”

在紫云自治县，像唐老庆一样的易地扶贫搬迁户有 4862 户 20213 人，有部分搬迁户通过点对点等方式已经外出务工，因疫情影响，未能外出就业的富余贫困劳动力，也都能像唐老庆一样搭乘“田园工薪族”的便车实现就业稳增收。

搬出大山到县城扎根安家、田园上班就业、孩子家门口上学，这一切都让唐老庆觉得，日子越过越有盼头了。

砸桶出山奔小康

“彭文钦为了搬出大山，把家里三代陪嫁的水桶给砸了。”在黔东南州天柱县易地扶贫搬迁安置点——联山移民安置区，侗族搬迁户彭文钦“砸桶出山”的故事广为人知。

2020 年 9 月 19 日傍晚，夕阳染红了半边天，联山移民安置区显得格外宁静。

当记者走进彭文钦的家时，彭文钦正在厨房淘米、洗菜，准备晚餐，脸上洋溢着幸福的笑容。

“以前，我们吃水全靠肩挑。现在好了，我们也成了城里人，家家户户用上了自来水……”说着，彭文钦拧开水龙头，一股清澈的水

黔东南州天柱县联山易地扶贫搬迁安置房全景

流汩汩而出。

记者好奇地问道：“当年为何把家里的水桶砸了呢？多可惜呀！”

“当时，有不少老人难舍故土，无论如何动员也不愿搬迁。于是，我带头砸了家里的水桶。”谈起这件事，彭文钦至今激动不已。

3 年前，彭文钦一家还生活在社学街道平甫村的大山里。

平甫村属典型的喀斯特地貌，缺水少田，是天柱县贫困程度最深的村寨之一。

“三年两头旱，吃水贵如油。”这是平甫的真实写照。

“但凡嫁到平甫来的媳妇，什么嫁妆都可以没有，唯独水桶是必不可少的。”彭文钦说，从爷爷到他这一辈，家里有 3 对陪嫁水桶，分别是奶奶、母亲和妻子的。

奶奶的陪嫁水桶是一对木桶，虽然早已弃用，但从彭文钦记事起，每隔三五年，父亲还会刷上一道桐油养护。

母亲的陪嫁水桶是一对镀锌铁皮桶，“服役”几十年，水桶的镀锌层早已脱落，变得锈迹斑斑。

妻子的陪嫁水桶是一对铝桶，光亮耐用，但使用 10 多年后，水桶也被磕碰出几道凹痕。

村里有 3 口水井，遇到干旱季节，就只剩 2 公里外的一口古井有水，村民们经常排队几个小时也难挑到一担水。

回忆起当时的情景，彭文钦至今唏嘘不已：“打着手电筒，熬更守夜排队等水是常有的事，累了，就垫些稻草席地而睡。”

因为吃水极度困难，当地村民惜水如油。

一瓢水，早上洗脸，晚上洗衣、洗脚，最后用来喂牲口。十天半月洗不上一次澡，对平甫村民来说已成常态。

“平时洗脸，都是把孩子们叫到一起，含口水喷到他们脸上，再用毛巾擦一下了事。”说起缺水的往事，彭文钦不禁有些心酸。

由于平甫村干旱缺水，村民们只能种些红薯、苞谷、土豆等耐旱农作物，年人均收入不足 2000 元。为求生活，村里的年轻人纷纷离家外出打工。

彭文钦的父亲常年患病，两个孩子还在读书，全家的支出只靠他一人打工的微薄收入，日子过得十分艰难。2016 年 1 月，彭文钦家被识别为建档立卡贫困户。

2016 年，天柱县把易地扶贫搬迁作为打赢脱贫攻坚战的突破口，对“一方水土养不活一方人”的贫困人口实施移民搬迁，让贫困群众走出大山。

这一年，彭文钦所在的平甫村干背冲自然寨，也被列入了整寨搬迁计划。

一开始，许多祖祖辈辈在大山里住惯了的村民，故土难离不愿走。

彭文钦的父亲也想不通：“搬进城，没了土地，怎么养活一家老小？”

“住在这穷山沟里，吃水难、行路难、小孩上学难，为什么不搬呢？”彭文钦急了，抄起扁担，“咣当”一声，将奶奶的陪嫁木桶破了肚……

村里的年轻人也纷纷效仿彭文钦，毅然砸了家里的陪嫁水桶，决意搬迁。

2017 年 3 月，彭文钦一家与干背冲自然寨的 28 户村民一道，集体搬迁到了天柱县城郊的联山移民安置区，住进了 100 平方米明亮宽敞的新房。

联山移民安置区地处高速公路口，区内入驻有中药、制衣等加工企业，还配套新建了学校、医院等，公共服务设施一应俱全。

天柱县还通过技能培训、转移就业、扶持创业、建立工作站、开发公益岗位等“五个一批”，为搬迁群众提供了广阔的就业创业平台。

“挪穷窝”后的彭文钦，也在思考着如何实现搬迁与脱贫、安居与乐业同步。

地处深山的平甫村，海拔、气候条件十分适合药材生长，盛产一种俗称“老虎姜”的中药材——野生黄精。

2017 年 4 月，彭文钦联合村里 5 户贫困户成立合作社，贷款 15 万元，流转村里 108 亩荒山，开始种植黄精。

他们搭起帐篷，支起炉灶，吃住在山上，白天顶着烈日干活，晚上点起蜡烛研究种植技术。功夫不负有心人，荒山很快变成了药材种植基地。

如今，基地里的黄精长势喜人，并开始产生效益，每亩收入达 5 万多元。合作社根据社员股金和劳务投工，实行定期分红。

走出大山，住进新楼，过上小康生活，彭文钦那开心的笑容绽放在淳朴的脸上。

“美丽的侗寨哎，绿水青山好风光，鼓楼下，把歌唱，侗歌声声唱给党，唱给党……”联山移民安置区广场上传来阵阵侗歌声，悦耳动听，沁人心脾。

张英一家的搬迁故事

走进张英在铜仁市江口县梵瑞社区的新家，沙发、茶几、电视等家具、家电齐全而整洁，客厅里最醒目的是墙上挂着的一张新旧房屋的对比照。“以前的日子太苦了，感谢党和国家，让我过上了如今的好日子。”

张英 30 多岁，三级肢体残疾，丈夫常年在外打工，家里的 3 个老人、2 个小孩都得靠她照顾。搬迁前她家住铜仁市桃映镇桃映社区张家湾组，从那里通往集镇，只有一条很窄的乡村路，中途还要翻越一座大山，蹚过一条河流。“那时大女儿在集镇上幼儿园，担心孩子一个人爬山涉水，我只能每天接送。”说起以往，张英满是无奈。

2011 年是张英最为痛苦的一年。她被确诊骨巨细胞瘤，器官内损诱发炎症，导致右腿基本无力，病痛演变为残疾，让她本不富裕的家庭雪上加霜。但是，搬来梵瑞社区不到 2 年的时间，一切都发生了变化。

“根据张英家庭的实际情况，她们一家被纳入了城市低保，每个月有 1930 元的生活补贴，吃穿不发愁了。”梵瑞社区干部杨群介绍着张英搬迁后收入上的增加，“我们又推荐张英到社区旁边的江口县第三幼儿园做保育员，每月工资收入 1800 元，她的第二个小孩也在幼儿园上学，来回接送也方便。”

生活基本保障有了，张英自己也在社区干部的帮助下挣到了额外的收入，孩子不用像以前那样走那么远、那么危险的路去幼儿园了，张英的身体也渐渐有了好转。

“以前生病了也不敢去医院，怕花费太多家里没钱，自从我家被纳入城市低保，上次去医院总费用 2 万多元，国家给报销了 80%，民政另外给我补贴了 3000 元，算下来都没怎么花钱。”说起生病的事，张英也不再避讳了。

“现在日子越来越好，过段日子爱人要从外省回来了，社区干部给他推荐了一家县城企业，收入比他现在高些，回来还能帮忙照顾家里。”张英说起往后的日子信心十足。

手中有粮，心中不慌。“快看上面的数字，最后那行。”张英拿起一本存折说道，“以前一个月还没结束，存折上就没钱了，要靠借钱维持生活，现在不仅还清了欠款，还有了点小存款。”这本存折上的数字变化记录了张英一家摆脱贫困的经历。

到了晚饭时间，张英来到一座儿童滑梯旁边，右边的房子门头上写着“四点半课堂”，左边的屋子门头上写有“老年活动中心”。“石晨媛，收拾书包回家吃饭。”张英走进右边的房间，拍了拍一个正在专心做作业的小女孩的肩膀，女孩收拾好书包和张英一起出来。

石晨媛是张英的大女儿，一年前还得跋山涉水出门上幼儿园的小姑娘，现在在社区对面的四完小上一年级，“四点半课堂”是石晨媛放学最爱来的地方。

“大姑娘放学就和同学在这里写作业，还有志愿者老师给他们讲题，她周末也爱来这里看课外书，有时候还会把书借回家里，给她爷爷奶奶念里面那些好玩的故事。”正说着，石晨媛搀扶着一位老人从老年活动中心走了出来。

“这是孩子她外公，经常与社区其他老人到老年活动中心看电视、下棋、打牌，认识了很多朋友，家里老人我也不用担心了。”张英说道。

老人拉着小孩的手，有说有笑地往家里的方向走去。

吃完饭，张英一家人散步到一片田地。这片田地里的农作物品类繁多，茄子、黄瓜、豆角、玉米等农作物长势喜人。

“张英，我看你地里的辣椒都快熟透了，你准备啥时候来打（摘）呀？”说话的是张英的邻居王香香，她是来自怒溪镇麻阳溪村的搬迁户，一边和张英打着招呼，一边继续在田里松土，干得不亦乐乎。

“2020 年 4 月份，我分到一块约 15 平方米的‘微田园’，自己当作菜园子，种植的蔬菜已经够全家吃了，有时吃不完还会送给邻居、朋友。”

“离开老家啥都好，就是惦记着村里那点地，政府分的土地就像

铜仁市江口县梵瑞社区易地扶贫搬迁安置点

及时雨，不仅让我们庄稼人对土地的依恋有了寄托，更满足了我们对新鲜蔬菜的需求。”张英说她从心里感激今天的好日子。

像张英、王香香一样，社区享受“微田园”政策红利的群众还有1642户，政府总共划分土地50余亩，确保有需求的搬迁户每户至少分配15平方米的土地。

江口县有搬迁户3513户14873人，其中贫困户2834户11922人，张英是其中的一员，她的故事是搬迁群众摆脱贫困迈向新生活的缩影。

自“新市民·追梦桥”工程实施以来，江口县紧紧围绕健全易地扶贫搬迁“五个体系”，做实“六个优先”（培训资源优先满足易地扶贫搬迁群众，新增公益性岗位优先安排易地扶贫搬迁群众，新增城镇就业岗位优先推荐易地扶贫搬迁群众，搬迁安置门面优先让利搬迁群众，城市服务产业优先扶持搬迁群众，创业政策优先支持搬迁群众），坚持县委一盘棋、干群一条心，促进搬迁群众更快地从农民转变成市民，从“稳得住”向“有就业、能致富”转变。如今，搬迁群众过上了好日子、住上了好房子、养成了好习惯、形成了好风气，江口易地扶贫搬迁的锦绣画卷正在徐徐展开。

阳光幸福家园为残疾居民送“幸福”

“你需要什么样的辅助适配器具，我帮你申请，器具到了之后就可以来这里领取了。”铜仁市碧江区正光街道白岩溪社区阳光幸福家园通过现场申请领取残疾人辅助适配器具，受到残疾居民的关注。

“以前购买辅助器具流程繁琐，现在通过阳光幸福家园这个平台，残疾居民可以根据自身需求，申请定制器具。”阳光幸福家园负责人刘强说道，这一便民服务举措获得了群众的点赞。

走进阳光幸福家园，部分残疾居民正在功能室锻炼身体，有的在咨询残疾人创业就业扶持政策。刘强正在台前忙碌，一边耐心解答政策咨询，一边整理残疾人一户一档资料。

刘强是沿河土家族自治县官舟镇水库村人，2018 年一家 5 口人搬迁到正光街道白岩溪社区。1995 年刘强在塑料加工厂上班，因意外导致左手残疾。

“这间阳光幸福家园功能室，是 2021 年东莞投资 15 万元建的，叫东西部协作‘莞铜共建 · 阳光幸福家园’易地扶贫搬迁点残疾人综合服务站，主要供残疾居民锻炼身体，平均每天都有 10 多个居民来这里锻炼，有专职的康复师指导做恢复训练。”刘强介绍道，功能室同时还是社区残疾人协会的办公场所，他每天从早上 8 点半到下午 6 点都在那里办公，主要为残疾居民服务。

刘强搬到白岩溪社区后，通过碧江区残疾人联合会的帮助，2021年开始在阳光幸福家园上班，负责康复器材的管理，利用空闲时间深入小区楼层了解残疾居民的健康和家庭生活情况，并给残疾居民建立一户一档。

“在这里上班很方便，对自身的恢复也有帮助，老师定期安排我们体检，制定特殊的训练方案。从目前到这里训练的人来看，大家的精神面貌都有所改观，对生活更加充满了信心。”刘强说。

近年来碧江区残联创新工作模式，实行重心下沉、服务前移，由碧江区残联聘请残疾人工作者在各移民安置点阳光幸福家园开展收集残疾居民基本信息、适配残疾居民辅助器具、残疾人证办理以及残疾人社区康复培训、残疾人辅助性就业、需求调查、就业信息发布、残疾人文体活动等多功能综合服务。

“我们以市场化运作、项目化管理，以结果为导向，为残疾居民

“莞铜共建 · 阳光幸福家园”易地扶贫搬迁安置点开展残疾人康复训练

提供高质量服务。”碧江区残联康复科负责人蔡文勇说。阳光幸福家园以残疾人康复为主，采取购买服务，聘请专业康复师，走进白岩溪、打脚冲、正光等社区为残疾居民开展康复训练，提供免费的健康体检，并针对肢体残疾情况的不同制定康复计划。

康复师刘家盛介绍，为更好地为残疾居民服务，阳光幸福家园康复师以一对三的方式，有针对性地指导肢体残疾居民进行康复训练，增强他们的体质，一天做 90 分钟到 120 分钟，根据不同情况开展为期 15 天的训练，做一次休息 2 天。

“除了指导残疾居民康复训练，还要对他们进行心理疏导，告诉他们要持之以恒，找到适合自己的运动方式，身体变好后，才能更好地去享受生活。”刘家盛说。

谈到阳光幸福家园成立的好处，从松桃苗族自治县搬迁来的居民杨祝英笑着说：“在老家的时候，天没亮就要送小孩去读书，上一坡下一坡，路太远了。搬迁到白岩溪后，把小孩送进学校，就可以到这里来训练，听说过段时间，还可以在这里做点手工活。”

听到杨祝英谈自己的感受，在一旁训练的 46 岁居民冉隆富也凑了过来，他讲道：“以前住在乡下，四周都是山，白天大家都要出去干活，说话的人都没得。搬迁过来后在这个平台认识了很多人，每天适当地锻炼一下，大部分时间都是找人聊天。”

“近年来，碧江区高度重视残疾居民创业就业工作，不断创新工作思路，结合残疾居民基本服务状况和需求信息数据动态更新，精准掌握辖区内残疾居民的就业需求，逐步建立与残疾居民相适应的就业创业扶持政策体系。”碧江区残联副理事长吕宁说，对残疾居民创业就业进行扶持，不仅能够提高残疾居民自主创业就业的热情，也能增强残疾居民的造血功能，拓宽残疾居民的就业渠道，改善残疾居民的生产生活状况。

“我就住在社区里，如果晚上有人要锻炼，他们就联系我开门，居民们的积极性都很高。刚开始来的时候叫他们自我介绍都不敢，后来大家每天在一起训练，心结都打开了。”刘强说，阳光幸福家园的成立，让残疾居民又有了一个“新家”。

白岩溪社区阳光幸福家园已为残疾居民发放25件辅助适配器具，为“一户多残”家庭安装了安全防护栏，接下来将会为更多残疾人提供辅助性就业。

“搬迁到这里来之后，很多优惠的政策，残疾居民都能享受得到。能为残疾人服务，是一件非常有意义的事，在阳光幸福家园，我真正感觉到了幸福。”刘强说。

易地扶贫搬迁老人活出“新滋味”

“我周一到周五每天都来这里，早上来跟这些老姐妹唱两个小时的歌就回家做饭，下午来玩两小时就去接孙子放学。老年学校过去只有大城市有，如今办到了我们家门口，感觉自己也像个城里人了！住在幸福社区真是越来越幸福！”

一走进黔东南州天柱县联山易地扶贫搬迁安置点幸福社区老年学校，就能听到爽朗的笑声。推开门一看，老人们正在认真地下象棋、唱歌跳舞、聊家常。

从大山里搬迁过来的杨引兰参加了老年学校的“感党恩”山歌队，每天在学校里学知识，在山歌队学唱新歌曲。“学校还经常组织志愿者手把手地教我们使用智能手机、玩微信，让我们能快速融入新城。”说到现在的生活，杨引兰脸上洋溢出幸福的笑容。

如果说“搬得出”是易地扶贫搬迁的第一步，那么“稳得住”就是关系到群众长久获得感的“后半篇文章”。全力做好易地扶贫搬迁“后半篇文章”，正是全国搬迁人数最多的贵州着力推进的工作。贵州省老教办充分发挥优势，科学谋划、统筹部署、积极探索，创新发展老年教育工作，将影响家庭去留的重要因素——老年人问题，作为关注对象，以他们的精神文化生活为着力点，因地制宜地全面创办老年学校，让搬迁老人们既能“老有所养、老有所依”，又让他们“老有所乐、老有所学、老有所为”，实现“安置”与“安心”同在。

老有所乐健身心

“在这里有吃有住，还有人照顾，搬迁后的生活真是好。”赵远英是毕节市七星关区田坎乡白沙河村的贫困户，2018 年 6 月搬迁至柏杨林街道。赵远英是彝族人，喜欢唱歌跳舞。作为一名有着 25 年党龄的老党员，搬迁到柏杨林街道后，她坚持发挥余热，带着大家一起唱歌。

“一开始没有场地，我们就到山上的公园唱歌，时常日晒雨淋，不得不中断活动。后来街道给我们建设了老年学校，现在我们天天都来唱歌，开心着哩。”赵远英感慨地说，搬迁后，可以和她的朋友们一起唱歌、聊天、看电视，再也不用一个人闷在山里的木板房里了。老年学校成了他们吃饭、拉家常、休闲娱乐的“幸福驿站”，是社区里老人的“第二个家”。

“文化浸润”点燃了易地扶贫搬迁安置点的老年人热爱生活的激情，能够在晚年老有所依、老有所乐，老人们觉得很幸福。

唱生日歌、许生日愿望、送生日礼物、吃生日宴……道真自治县尹珍街道新兴社区易地扶贫搬迁安置点老年学校正在为 13 名学员过集体生日。

“如今党的政策好啊！”84 岁的赵碧福老人说，“这是我第一次过集体生日，心里非常高兴！”

2020 年 8 月，新兴社区易地扶贫搬迁安置点老年学校成立。针对学员多为空巢老人的实际，学校建立完善集体生日制度，坚持每月举办一次集体生日活动，让寿星们过一个快乐的生日，更加真切地感受到学校的温暖。

从“要我搬”到“我要搬”，从“不想搬”到“不想回”，建在易地扶贫搬迁安置点的老年学校让原本楼房里“户对户、门对门”不认识的邻居聚到一起，让搬迁出来的老年人实现了思想转变，也为老年人开启了新世界。

老有所学展风采

“第一次在城市小区里过端午节，第一次羞涩地唱响生日快乐歌，第一次坐在老年学校的课堂里学习……”黔东南州黄平县新州镇横坡社区的老年人回忆2020年的无数个“第一次”的生活场景时，脸上洋溢出满满的幸福。

“没想到年纪大了还可以进学校读书，老师教我们怎么分辨假币、怎么预防电信诈骗，我们老年人教年轻人如何包粽子，日子过得比以前开心哦！”81岁的姜启英老人乐呵呵地说道。

县老年大学结对社区老年学校帮扶教学的杨胜琼老师由衷地感慨：“当我用苗语唱起《我和我的祖国》时，不仅苗族学员跟唱，不会苗语的学员也会跟着节奏哼。课后学员们要求我们经常来指导他们学习，不得不佩服他们的学习劲头。”

“东方红，太阳升……”仁怀市苍龙街道五里碑社区凤凰小区老吾老驿站内歌声嘹亮，社区老年学校音乐班的“学生们”欢聚一堂，一起识谱、练歌，一首《东方红》在教室里回荡。

凤凰音乐班每周一上午上课。课堂上，老师们耐心地教30多位老年人深情歌唱，每一位学员都热情高涨，用歌声唱出对祖国的热爱，唱出幸福的生活。

苍龙街道凤凰小区是仁怀市最大的易地扶贫搬迁安置小区，五里碑社区党总支部坚持党建引领，通过整合人员队伍、平台载体、项目活动等资源，以志愿服务的形式，走进老年学校，组织老年学员们开展喜闻乐见的音乐、舞蹈、识字等文明实践活动，丰富他们的精神生活，培育礼仪文化，让党的声音飞入“寻常百姓家”。

贵阳市乌当区易地扶贫搬迁安置点云锦尚城社区老年学校开设有健身气功、民族舞蹈、厨艺等课程。

六盘水市钟山区月照街道幸福里社区易地扶贫搬迁安置点开设有民歌、书法、剪纸、锣鼓等课程。

安顺市西秀区易地扶贫搬迁安置点彩虹社区老年学校开设器乐、山歌、舞蹈、太极拳、棋牌等兴趣培训班，开设保健按摩等实用技术培训班，实现因材施教，提升安置点老年人的文明素质和生产生活技能，提升他们的获得感、幸福感、安全感。

……

有学员说：“想学太极，还想学用电脑，现在年轻人在用的东西，我都想尝试……”

余庆县易地扶贫搬迁安置点老年人生活多姿多彩

丰富的课程、多样化的学习形式，让易地扶贫搬迁安置点老年学校的学员们在学习中感受到了别样的精彩。

老有所为增银辉

正光易地扶贫搬迁安置点依托铜仁市老年大学、碧江区老年大学共同创办的老年学校分校，成立了“夕阳红”志愿者服务队，搭建了老年志愿者参与社区治理、服务社区居民的新平台，引导老年学校的学员们用自己积累的知识、技能和经验奉献余热，让他们在社区治理中发挥自身优势，对一些扰乱社会治安的人员进行疏导，参与矛盾纠纷调解，维护社区内道路交通安全和社区治安环境，开展环境保护等工作，不断提升易地扶贫搬迁安置点群众的幸福感。

老年学校学员田仁河说：“吃水不忘挖井人，要听党话、感党恩、

正光易地扶贫搬迁安置点老年学校授牌仪式暨送文化进社区文艺汇演

跟党走，我退休了，有充足的时间和精力参与到社区管理中。作为党员，我也愿意奉献自己的智慧和经验，帮助大家把社区管理好。”

黔西南州安龙县栖凤街道办事处易地扶贫搬迁安置点九龙社区老年学校于2020年6月挂牌开学，现有学员200余人。学校结合搬迁群众的实际，积极搭建“为的平台”。组建一支10人的老年志愿者服务队，先后开展金融、安全、禁毒等方面法律法规宣传；开展社区夜间巡逻、治安调解、卫生监督；帮助孤寡老人、留守儿童、残疾人等特殊人群解决实际困难。通过志愿服务活动的开展，老年人在社区治理活动中再次实现自我人生价值，真正做到“老有所为”。

搬迁进城的老人们重复最多的一句话是：“现在我们都变成城里的老头老太太了。我们的生活越来越红火，新家园也会越来越好喽！”创办老年学校，让搬迁老人能够“稳”在搬迁安置点、“乐”在搬迁安置点、“享”在搬迁安置点，活出“新滋味”！他们带着笑意诉说幸福，言语里满是激动和兴奋，目光中闪烁着感激和向往。

截至2021年7月底，贵州省在易地扶贫搬迁安置点创办老年学校209所。

老而知其理、老而知其乐、老而知其为。好日子“激活”希望、点亮未来。贵州的老年大学围绕民计民生、民忧民盼，探索实践让老百姓看得见、摸得着、感受得到的好事实事。在这里，从居住了几十年的老家搬迁而来的老人们，在新家之外，还多了一个温暖的“心家”。

三、政府保障　百姓享实惠

从“没学上”到“上好学”，从“看病难”到“有‘医’靠”，从“忧居”到“优居”，从“望天水”到“幸福家”……贵州把解决好人民群众最关心、最直接、最现实的利益问题看作重中之重，一件接着一件办，一年接着一年干，不断增进民生福祉，兜牢了全面小康的网底。

贵州民生有温度

脱贫摘帽不是终点，而是新生活、新奋斗的起点。

2021 年以来，贵州把巩固拓展脱贫攻坚成果作为全面推进乡村振兴的首要任务，严格落实“四个不摘”要求，持续巩固“3+1”保障成果。

完善优化控辍保学机制，确保脱贫家庭义务教育阶段适龄儿童不失学辍学。

落实分类自主参保政策，实行“三重医疗保障”，实现动态应保尽保。全省脱贫人口就诊 1703.09 万人次、报销 66.7 亿元。

继续实施农村危房改造，对脱贫人口、农村低收入人口住房安全实行动态监测，建立农村危房安全动态管理机制。

持续加强水利基础设施网络建设，开展农村供水保障风险隐患排查，探索农村饮水安全持续保障长效机制。

……

民生有温度，群众更幸福。

2021 年，贵州坚决守住不发生规模性返贫的底线，推动巩固拓展脱贫攻坚成果同乡村振兴有效衔接，围绕“四新”主攻“四化”，全省党员干部“出列再入列”，脚踏实地加油干，奋力续写新时代贵州高质量发展新篇章。

医疗：优化政策　群众看病不再难

“以前村里还没有卫生院的时候，就是一点小感冒也只能去乡里面，有时还要去绥阳县的宽阔镇，那时候车也不多，都是走路去的，一个来回就得半个多小时。现在好了，一般的病痛村里的卫生室就能处理，医保还报销，花不了啥钱。”在遵义市桐梓县马鬃苗族乡龙台村卫生室，说起现在的医疗条件，村民李正华连连称好。

近年来，桐梓县新（改、扩）建村级卫生室 94 间，从县级医院派驻 40 名医生到无村医的卫生室服务，彻底消除行政村卫生室空白点，像龙台村这样的村级卫生室，全县已达 373 家。

为确保群众看得起病，桐梓巩固完善新型农村合作医疗制度，全面推行大病保险，全面落实基本医疗保障政策，在县域内定点医疗机构实行“先诊疗、后付费”，建立实施“一站式”即时结报机制和异地结算结报机制，减轻贫困群众垫资压力，方便农村贫困群众报销。目前，桐梓城乡居民基本医保参保率在 95% 以上。

这是农村医疗服务水平逐步提高的缩影。在巩固脱贫攻坚工作中，贵州始终以人民为中心，优化调整医保扶贫政策，健全防范化解因病返贫致贫长效机制，提升医疗保障公共管理服务水平，巩固好医疗保障脱贫攻坚成果。

教育：控辍保学　义务教育有保障

章枝忠是大方县新城区毕节市同心农工中等职业技术学校的一名普通学生，由于父母年迈，家庭负担较重，他萌生了离校打工的念头。

学校在了解到相关情况后，迅速组织老师赶到章枝忠家中，耐心地向其解读国家有关教育优惠政策和相关法律法规，动之以情，晓之以理，希望家长切实履行监护人职责，与学校共同努力劝导章枝忠尽快回校上课。同时，学校还通过贫困学生专项资金和困难补助，消除章枝忠的后顾之忧。

“为了防止学生辍学失学，我们老师时刻关注学生的心理动态，及时对有辍学想法的学生进行心理疏导，同时正面引导学生树立正确的‘三观’，培育良好的德行。”学校德育处主任张芸芸在谈及控辍保学时说。

落实义务教育保障是“3+1”保障之一。大方县按照控辍保学“双线”责任制和“七长”负责制要求，开展“干部大排查、教师大家访”活动，对义务教育阶段适龄儿童、少年入学情况进行全面核

广州市天河区学前教育指导中心赴毕节市七星关区开展学前培训

查，对流失学生采取“一对一包保”，面对面地做好家长和学生的思想引导教育工作。经过全体教职工的努力，167 名辍学学生全部劝返，全县流失学生劝返率达到 100%。

“像我这样的孩子，只有读书才是最好的出路。”章枝忠说。经过老师们的耐心教育和劝导，他打消了辍学的念头，重新回到课堂。

教育扶贫是阻断贫困代际传递的根本之策。为了让农村教育水平稳步提升，贵州始终坚持以教育脱贫攻坚统揽教育工作全局，着力聚焦控辍保学、学生资助、易地扶贫搬迁集中安置点配套学校建设、脱贫成效考核反馈问题整改四项总攻任务，充分保障了每一位学子接受义务教育的权利。

住房：易地搬迁后续扶持 生活更加幸福

在兴义市洒金街道栗坪社区匠心绣梦工坊，从望谟搬迁至洒金街道的新市民张欢欢脸上洋溢着满满的幸福：“我家原来的土墙房，四面透风，现在我不仅住上新房子，还在家门口就业，一个月还有 3000 多块钱，日子真是越过越好！”

为实现农村群众安全住房有保障，经过反复调研，黔西南州决定通过实施易地扶贫搬迁，把一方水土“养不起”的人口搬迁到生存与发展条件较好的地方，使其生产、生活条件得到改善，进而实现脱贫致富。

在搬迁过程中，黔西南州探索实施“新市民”计划，围绕“搬得出、稳得住、能致富”，着力在搬迁户“快融入”上下功夫，集中建设易地扶贫搬迁“新市民居住区”。2019 年 6 月 20 日，黔西南州率先在全省完成了“十三五”期间 33.85 万人易地扶贫搬迁入住计划。

黔西南州新市民居住区里的孩童

“十三五”期间，贵州完成易地扶贫搬迁 192 万人。为巩固成果，贵州结合实际，逐步建立农村危房安全动态管理机制，提升农房建设质量，持续深化搬迁安置点“五个体系”建设，统筹财政专项资金 50.5 亿元，金融信贷资金 86.91 亿元用于安置点基础设施补短板和产业发展，加快提升基本公共服务水平，在满足搬迁群众就医、就学等需求的同时，推动养老服务、儿童托管、文娱服务等功能实现全覆盖。

饮水：巩固提升　让“放心水”长流

“你看这个水，好清澈哦，现在随时都有水用。”铜仁市思南县孙家坝镇双山村村民赵德香打开灶台边的水龙头，准备淘米。

“望天吃水”是双山村几代人的饮水之痛。赵德香说：“以前盼下雨，只要一下雨，首先要做的就是赶紧把屋顶收集的雨水存放进水窖里。遇到旱天，就要到 3 公里外的清渡河去挑水，一次来回近 1 个小时，一挑水 80 来斤左右，一家人饮用都不够，更不用想养牲口了。”

2016 年 8 月，思南县以骨干水源工程为稳定水源，采取“以大带小、城乡统筹，以大并小、小小联合”的方式，规划建设“十库、八厂、七支线、两联接”的“骨干水网”，采取引、提、蓄、输等措施，打破常规乡村界限区域供水格局，形成覆盖全县互联互通的“骨干水网”，70 万城乡居民实现同“网”饮水。

为了让“放心水”流入寻常百姓家，近年来，贵州持续加强水利基础设施网络建设，建成和新开工一批大中型水库，基本实现县县有中型水库，全面解决了农村人口饮水安全问题，水利工程设计供水量达到 132 亿立方米，主要河流出境断面水质优良率达 100%。

解决好“水”的问题，对于生态建设、乡村振兴至关重要。贵州将持续开展农村供水保障风险隐患排查，同时以建设“一核四区”贵州大水网为主抓手，加快推进水利“百库大会战”，开工建设一批骨干水源工程，为持续推进城乡饮水安全巩固提升和全省经济社会高质量发展提供有力的水利支撑和保障。

只争朝夕，不负韶华。贵州，正以民生为底色，绘就全省人民美好生活的新时代画卷。

“组组通”开启农民幸福路

贵州素有“九山半水半分田”之说，山地和丘陵占总面积的92.5%，贫困人口多分布在地处偏远、交通落后、信息闭塞的自然村寨，交通基础设施一直是脱贫攻坚最难啃的“硬骨头”。

“‘要想富，先修路’不过时”“贫困地区要脱贫致富，改善交通等基础设施条件很重要”……党的十八大以来，习近平总书记始终牵挂着老乡家门口的路好不好走，亲自谋划、亲自推动“四好农村路”建设，强调要逐步消除制约农村发展的交通瓶颈，为广大农民脱贫致富奔小康提供更好的保障。实现农村“组组通”，就是贵州贯彻落实习近平总书记系列重要指示要求，通过农村交通基础设施建设破解深度贫困问题的重要抓手。

铺就一条致富路

“有了这条路，生活方便多了，下雨天也不怕打滑了。”彝族姑娘杨小飞高兴地说，“现在国家的政策好，我对自己的生活特别满意。”杨小飞家住毕节市威宁彝族回族苗族自治县新河社区花厂坝组。新河社区位于贵州西北部山区，海拔2000多米，村民居住分散，交通极不便利。

要想早致富，还得先修路。这个道理新河的老百姓又何尝不知道？但由于没资金、没领头人、土地协调情况复杂等原因，修路这件事被耽搁多年，农户依然过着“外出走一走，脚上全是土；农户要种地，全靠使力气”的生活。为了打通出行“最后一公里”，贵州在全国率先启动农村“组组通”硬化路三年大决战，加快交通基础设施向下延伸。

这条“组组通”路于2018年3月开始铺设，5月完工，从邹家院组顾家院子至丫口脚通组，总长2.7千米，路宽5.5米，混凝土硬化厚度30厘米，项目总投资158.7万元，覆盖邹家院、花场坝、厂上3个村民组156户867人。

这条“千呼万唤始出来”的“组组通”路将散落在山间的村寨像金线穿就宝石一般连接在一起，蜿蜒盘旋在青山翠谷之中，犹如蛟龙出海，带着当地人民奔小康的希冀一飞冲天。

毛细血管“组组通”

这条“组组通”路，打通了脱贫攻坚“最后一公里”，成为破解贫困地区经济社会发展瓶颈、加快脱贫攻坚的“先手棋”；这条“组组通”路，连接了山内与山外，让资源流动更为便捷，把幸福源源不断地输送进来。一栋栋小洋楼如雨后春笋拔地而起，村容整洁、生态宜居，整个村庄显得朝气蓬勃；曾经的人背马驮的景象已不复存在，取而代之的是数不胜数的私家车在路上奔驰的情景；田间地头不见村民们“汗滴禾下土”的身影，只听到“小铁牛”发出的轰鸣声；一家家流动超市开在了家门口，农户购买生活用品不再需要跑远路。

毛细血管“组组通”公路的修建，加速了人流、物流在城乡的流动，也增强了城乡互动，缩小了城乡差距，加快了城乡一体化进程，改善了村民们的居住和出行环境，为加快推进农业农村现代化提供了更好的保障。

扩宽增收致富新路子

新河社区具备良好的旅游发展优势，加之如今便利的交通条件，引来多家企业及合作社入驻，曾经农产品只能自产自销，现在老乡家

威宁自治县新河社区乡村新貌

的农产品走向了市场。道路敞亮了，老乡的心里也敞亮了，思路也变开阔了，外出务工、在家创办合作社，都成为脱贫致富的途径。

村民姚文广就借着东风，成了致富能手。道路一修通，他就筹钱购买货车跑起了运输，几年下来拥有了2台挖掘机、1辆轿车，腰包逐渐鼓了起来。杨小飞本是种田的农民，因为路修通了，家里养的牛和猪便有了好销路，每年能有2万元的收入。

路修通了，农业产业结构随之优化升级。新河社区通过“党支部+合作社+农户”的模式，采取流转土地、土地入股分红、带动就业等多种方式，发展了蜂糖李300亩、皂角2000亩、蓝宝石葡萄130亩、核桃540亩、花卉150亩，扩宽了农民增收致富的路子。

充满希望的幸福路

“组组通”不仅仅是通了一条路，它更是打开思路、开阔视野、加快思想转变的新途径。

46岁的彝族大姐陈英，年轻时候外出广东打工，每次离乡返乡时这条泥泞、艰辛、满是风雨的路，让她明白“治穷先治愚”，要想改变贫穷的生活面貌，必须蹚出一条通向大山那边的路。她有3个孩子，老大在毕节学院上大学，老二读高中，老三读初中。“他们能上大学，就是我最大的幸福。”说到这，陈英眼中流露出对幸福的无限憧憬。作为建档立卡贫困户，国家给予陈英读大学的孩子每年4800元的助学金，陈英保养、打扫公路，每月有600元收入。

这条路虽然全长只有2.7千米，但它却是党委、政府与人民群众的连心路；虽然只有5.5米宽，却是企业与新河社区农户脱贫致富的康庄大道。

绝壁公路畅通返乡“最后一公里”

每年的春运都是一场大迁徙，但不管路途多远，都挡不住游子归乡的脚步。

遵义市道真仡佬族苗族自治县，地处黔渝交界的武陵山区深处。从省会贵阳市到道真县城，车子全程走高速仍需要 4 个多小时。从道真县城再到忠信镇石笋村，又要花费 1 个小时左右。

石笋村有 4 个分布在芙蓉江峡谷地带的村民组，与村部所在地有约 500 米的垂直落差。2020 年春节，对生活在这里的 40 多户村民来说，最大的变化是汽车可以开到家门口了。

遵义市道真自治县石笋村的通村路

2019年5月30日，一条全长5.623千米、宽4.5米的公路正式建成通车，彻底打破了这里交通闭塞的局面。

这条新的公路修建在陡峭的崖壁上，如斧劈刀削一般。中途在险要的地方停留，俯瞰崖底，滚落的岩石土块仍然可见，令人双腿发颤。

谈起修路的艰辛，石笋村村主任费建刚说，公路从2017年9月开始动工，历时近2年才竣工。当时挖掘机现场作业十分艰难，有些路段两三天才能掘进1米，既要担心上方滚石，又怕脚下石块松动。“师傅个个手掌心都是汗水，找货车拉点材料，司机说给他1万块他也不来。”费建刚说。

来到寨子里的村民组，只见集中在一起的几十栋木瓦房都已经进行了砖混结构改造。费建刚介绍，这是在没通公路前改造的，当时交通不便，为了运水泥、砖头，只能靠人背马驮。“我找了5匹马，从河边往上驮，最后马都累死了一匹。”他说。

尽管公路坡陡弯急，但不时还是有载着行李物品的汽车、摩托车从这里驶过。如今路通了，再也不用翻山越岭地去镇上赶场了。“买点化肥、种子、盐巴，车子都是直接送上门来。”村民杨世进说。

“苦了几辈人，修路盼了几十年！”杨世进说，整个片区原本住着上百户人家，年轻一些、家里条件好一些的，待不住就搬走了，但上了年纪、条件差一点的都留下来了，起码靠种苞谷、红苕、洋芋来填饱肚子没问题。

“没搬的，基本上也只有老人在家。”忠信镇党政办主任程松说，年轻人都外出务工，要么带上孩子，要么在镇上租房，请人带娃娃，只有过年才回来。当时政府考虑到搬迁的成本和难度，最终还是决定修路。

“全县海拔最高和最低的地方都在我们村里。”程松说。由于山高坡陡、沟壑纵横，当地交通环境恶劣，基础设施建设难度大、成本高。但是随着脱贫攻坚的深入推进，石笋村最终打赢了这场改善基础设施的硬仗。

“那就是小路。”正在忙活的村民杨光来放下扁担，用手指着悬崖上的一处垭口说，从前去一趟镇上，有一条用镰刀砍出来的羊肠小道，手脚并用一直攀爬，要 3 个小时。

68 岁的杨光来，心中曾有一件耿耿于怀的事。在外打工的儿子第一次带外地媳妇回家，就是从这条小路回来的。“来了一回就不愿再来了。”杨光来说，现在公路修好了，他的儿子和儿媳妇都要回来过年，他们一家人终于能团聚了。

“阳光政策”照亮搬迁群众子女的就学路

“百年大计，教育为本。”黔南州罗甸县聚焦易地扶贫搬迁后续教育服务保障工作，多方位保障搬迁群众子女就学，让搬迁群众子女健康成长。

增加学位供给　聚力师资建设

“这所学校特别大、特别美丽、离新家近，老师和同学们都很关心我，我特别喜欢这所学校。”罗甸边阳越秀实验小学学生罗明面高兴地说。罗明面是通过易地扶贫搬迁实现就近入学的，全新的校园生活和教育条件让她格外兴奋。

“以前小孩读书走路要一个多小时，现在搬迁来到边阳镇，学校离家很近，有更好的教学条件，我们做父母的很放心。”从边阳镇交砚村搬迁来的罗连海谈起搬迁后的好处，喜悦之情溢于言表。

边阳越秀实验小学位于罗甸县边阳镇，是为解决边阳镇油海村、达上村、新民村等跨区域易地扶贫搬迁学生就近上学问题而建的教育项目，配套建设的青少年宫、学生宿舍楼、室内篮球馆等基础设施，为学生创造了优质的校园环境。

确保易地扶贫搬迁安置点群众子女有学上、有优质的师资力量是做好安置点民生保障工作的重点。

脱贫攻坚以来，罗甸县通过合理调整学校布局，全力实施易地扶贫搬迁安置点配套学校建设，全县易地扶贫搬迁集中安置点配套教育设施实现全覆盖，学位供给保障到位。之后，按照“师从生走、人随编走”原则，保障安置点学校优质师资配备到位。

增加趣味活动　配套就学服务

“我爸爸妈妈去打工了，只有我和奶奶在家，以前我成绩很差，自从来乐园学习后，我的数学能考进全班前 10 名了。”这是来自罗甸县易地扶贫搬迁安置点边阳镇兴阳家园社区留守儿童的心声。

下午 5 点 40 分左右，兴阳家园“益童乐园”教室已经陆陆续续聚集了 50 余名儿童，他们是从罗甸县各乡镇搬迁过来的群众的子女，因父母常年外出务工或父母无能力监护，无法辅导他们的作业，他们每天放学后就会到这里来完成作业。

“老师，这个字怎么读？”“老师，这道题怎么做？”孩子们争先恐后地向“益童乐园”的老师提问。

罗甸县“益童乐园”项目启动以来，深受搬迁孩子的喜爱。搬迁孩子的年龄在 6 至 13 岁之间，“益童乐园”通过开展作业辅导和课外趣味活动，有效地解决了孩子成长缺少陪伴的问题。

“益童乐园”的老师除了每天辅导孩子写作业以外，每月还要定期开展家访，及时了解孩子的家庭情况及生活状况，并利用周末时间组织孩子们开展各式各样的趣味活动，让孩子们健康快乐地成长。

罗甸县积极创建易地扶贫搬迁安置点儿童服务项目，为打造易地

罗甸县兴阳家园社区儿童之家

扶贫搬迁群众子女的幸福家园，分别在兴阳家园、翠滩家园、学府家园、玉都家园等易地扶贫搬迁安置点相继启动“益童乐园”项目。除此之外，为加强易地扶贫搬迁安置点儿童就学服务，各易地扶贫搬迁安置点开设有四点半课堂、第二课堂、安全友好的儿童服务空间等，打造提供安全教育、健康教育、卫生教育、儿童绘画、手工制作等课程的儿童托管照看服务站点，让孩子们适应新生活，为孩子们打造温馨之家、幸福之家、快乐之家。

资金保障到位　关爱学生营养

“豆芽炒肉、土豆炒肉、冬瓜骨头汤……”这是边阳中学新校区食堂当天的午餐菜谱。面对荤素搭配均衡、营养丰富的可口饭菜，学生们吃得津津有味。

“食堂每天都会根据学生的营养需要进行荤素搭配，提供多种菜品，让孩子们吃得饱、吃得健康。”食堂打菜阿姨说。

罗甸县为全面落实各项资助补助政策，全力在全县实施农村学前儿童和义务教育学生营养改善计划，对学校食堂的基础设施进行完善，并购置冰箱、冰柜、消毒柜等设施设备，建章立制，确保资金安全和食品安全。

2021 年，罗甸县共发放各级各类学生资助金 3605 万元，惠及学生 69346 人次；实施学前营养餐幼儿园 57 所，拨付学前营养餐资金 204 万元；实施农村义务教育学生营养改善计划学校 59 所，义务教育阶段学生营养改善计划资金 2872 万元。

赓续长征精神　决胜全面小康

安顺市紫云自治县猫营镇普卡桥村小鱼洼组是一个留有红色足迹的老寨子。1935 年 4 月，红三军团从安顺市西秀区鸡场乡进入紫云县境的一根笋、黄土塘、猫营场坝、小鱼洼，并在小鱼洼宿营一夜。

80 多年过去了，在决战决胜脱贫攻坚的收官时期，这片红色土地上的民众早已将长征精神融入血液中，凝聚成决战决胜全面小康的信心与行动。

从 1997 年开始当了 15 年村主任的老党员吴如学，如今已经 74 岁了，说起以前的普卡桥村，用一个字概括，就是“穷”。

“山高高，地凹凹，苦熬不过大山，担水磨面要下山，有女不嫁普卡桥。”这首民谣是普卡桥村过去生活的真实写照。村里四周环山，这些山像一堵厚实的“墙”，困住人的身体，也困住了人的心。

为使普卡桥的村民早日摆脱大山的阻隔，1969 年至 1991 年期间，普卡桥村传承长征精神，自力更生、艰苦奋斗，村民自发投工投劳，硬是在大山之间凿出了一条通往外界的毛土路。“那时修路条件艰苦，用的都是土办法，连炸开石头的炸药都难找到，村民用的都是石锤和铁锹，一条长约 5 公里的山路，修了几十年。”吴如学说，因为当时条件有限，山路修了几十年，路虽然通了，但是很窄，汽车还是进不来。

1997 年，村里要通电，安装电线杆，因为路不通，只能靠人力一根一根地将电线杆抬进山。“16 个人抬一根电线杆，费了很大的劲才挪到山腰上，一天最多只能抬 2 根，难呀！”吴如学回忆起那段苦日子，直摇头。

在大山里生活，除了出行难，喝水也是一个大问题。为使普卡桥村早日摆脱干旱威胁，早在 20 世纪 70 年代，村民们就在村口修起了水井，一定程度上缓解了饮水难的问题。但由于山里地势复杂，时间长了，地下水下沉，一到干旱季节，水井就会枯竭，遇到天干季节，村民们只能到 2 公里外的河里挑水，很不方便。

“感谢党的扶贫政策，感谢驻村干部的不懈努力，路通了、灯亮了、自来水也有了……”吴如学说，幸运的是他赶上了脱贫攻坚。仿佛一夜之间，在各级驻村干部的帮扶下，村里大变样。

“你瞧，以前村民没水喝，现在家家户户都建起了蓄水池。”吴如学介绍说。如今，全村串户路、庭院水泥硬化、安全饮水全覆盖，村容村貌大为改观，群众生产生活环境得到明显改善。

在基础设施建设方面，政府共投入帮扶资金 316.06 万元，实施基础设施建设项目 10 个，仅在 2019 年就新建串户路 4500 米、硬化庭院 11500 平方米、修建蓄水池 10 个。

“现在的生活确实方便了，我们琢磨着还必须带领群众一起多赚点钱，才能真正实现脱贫。”紫云自治县住建局驻普卡桥村脱贫攻坚前沿作战队队长何忠诚说。

普卡桥村干群一心，铆足干劲抓基建、兴产业、搞发展，在产业革命的推动下，2019 年，普卡桥村成立了种植养殖村社合一农民专业合作社，发展扶贫产业佛手瓜 50 亩、甘蓝 126 亩，种植中药材 140 亩、辣椒 70 亩、红芯红薯 50 亩，养蜂 300 箱，所得利润按照“721”的比例进行分配。其中，利润的 70% 用于贫困户分红，20%

用于壮大村集体经济，10% 用于奖励在村合作社务工的贫困群众。

“在长征精神的引领下，我们脱贫攻坚前沿作战队将带领村民们在巩固脱贫攻坚成果的同时做好乡村振兴的有效衔接，我们有信心，老百姓的日子会越来越好。”何忠诚说。

感恩，让生活更美好

“吃水不忘挖井人，我们脱贫了可不能忘记了党的恩情！”

“政府帮助我家脱了贫，我也希望能够为社会做点贡献！”

“我困难时大家都帮我，现在我有能力了也想帮帮别人！”

这是好几位贫困户脱贫后决心铭记党恩、立志回报社会的心声。

黔南州独山县贫困群众在国家扶贫政策的支持下，在广大帮扶干部的帮助下，经过几年来的接续奋斗，不断激发战胜困难的斗志，努力提升自主发展的能力，切实找准脱贫解困的路子，不仅顺利脱了贫、致了富，还涌现出了不少感恩奋进、回报社会的先进典型。

花园村：这一家都是满满的“正能量”

天气虽冷，但花园村纳麻组的活动广场却在火热施工中。

施工现场，有个50岁左右的大姐正帮着搅拌水泥砂浆，她眼神清亮，动作麻利，仿佛有使不完的力气。花园村“尖刀排”战士张建凯说，这位大姐名叫韦龙秀，曾是个贫困户，连日来，她们一家为组上活动广场集资捐款的故事，在当地群众中被传为佳话。

韦龙秀一家4口人，全靠丈夫陆如宾在城里当搬运工养家。2014

年，因为 2 个女儿都在上学，家庭生活十分困难，乡亲们就把她家评为贫困户。近几年来，在国家教育扶贫、危房改造等政策的支持下，夫妻二人不甘贫困，辛勤劳动，摆脱了苦日子，迎来了好日子，生活正在一点一点地好起来。

韦龙秀家的新房里，各式家具一应俱全，各个房间干干净净，一眼就能看出主人的勤劳与上进。“我家困难时，国家提供了很多帮扶政策，寨上老少也帮衬了不少，现在日子好过了，也想着为组上做点贡献，可惜能力有限，惭愧得很啊！”韦龙秀腼腆地说道。

2019 年初，受全村文明村组创建活动的影响，麻纳组群众决定集资建设一个活动广场。在上交集资款时，乡亲们认为韦龙秀家刚脱贫不久，就让她家少交些。可是韦龙秀和丈夫认为，最困难的日子已

黔南州独山县花园村纳麻组活动广场

经过去了，修建活动广场是公益大事，必须积极参与，就坚持着完成了每户 1500 元的集资任务。

韦龙秀的大女儿陆维娅上的是幼师学校，在广州一家幼儿园做实训研修，每月能领到 2000 元左右的生活补助。在得知组上要建活动广场后，陆维娅毫不犹豫地把节省下来的 1000 元捐了出来，她说："我上学时得到了国家的支持和寨上老人们的帮助，我也要表达表达我的心意！"

在捐款的同时，陆韦满还怀着激动的心情向各级领导写了一封感谢信，讲述了她家生活境况的可喜变化，也抒发了她对党和政府的无限感激，更表达了努力学习、回报家乡的志向和追求。她在信中说："我要努力成长为国家的有用之才，把这份爱心传递下去，让人间处处充满爱！"

石牛社区：她是早教事业的"有心人"

"姚园长很关心我们的孩子！""感谢姚园长开办了这家早教园，解决了我们的后顾之忧！"群众口中的这个"姚园长"叫姚大玲，是来自麻万镇石牛社区九门寨组的创业青年。

尧梭花园安置区附近的一家早教园，五彩斑斓的墙面彩绘，童趣十足的各式玩具，清新整洁的活动环境，让人感到温馨而幸福。天气虽然有些寒冷，但早教园里却暖意融融。10 来个 2 岁左右的娃娃正围着姚大玲玩游戏，欢声笑语溢满了整个早教园。

这是姚大玲的第二家早教园，创办于 2019 年初，第一家是在鄢家山安置区，创办于 2018 年。两个早教园目前有近 40 个娃娃，解决了四五个人的就近就业问题，规模虽然不大，但姚大玲乐在其中，

"和孩子们在一起，我感到很开心。"

看着阳光而自信的姚大玲，很难相信她家曾经是贫困户。5年前，姚大玲的公公和婆婆60多岁，还有个奶奶已年近90岁，再加上两个娃娃先后降生，全靠丈夫陆启林一个人挣钱养家，她家因此被组上评为贫困户。"那时家里老的老、小的小，收入有限，日子确实苦！"

被评为贫困户后，姚大玲夫妻触动很大，决心发奋努力。姚大玲在家一边悉心照顾老人小孩，一边在国家政策扶持下种起了10多亩葡萄，还养起了猪和鸡，丈夫则通过参加培训掌握了水电工技能，在县城附近做工挣钱。每天都很忙，也很苦，但夫妻二人从未哼过一声苦、叫过一声累。姚大玲说："根本没时间多想，就一门心思奔脱贫！"

2017年，姚大玲在离家不远的鄢家山安置区里，无意中了解到不少搬迁家庭因忙于生计而没有时间照看家中幼儿，就动起了开办早教园的念头。姚大玲立即行动，到贵阳市参加了系统的早教培训，先后取得了"早教指导师"和"高级育婴师"的资格证书。2018年初，刚刚顺利脱贫的姚大玲就与朋友合作，在鄢家山安置区创办了第一家早教园。

"能为社会做点事，我觉得很有意义！"两年来的早教经历，让姚大玲爱上了这个行业。姚大玲认为，幼儿时期是孩子成长的关键节点，但现在很多年轻父母不仅工作很忙，还缺乏足够的早教知识，她希望能办好自己的早教园，为这些家庭提供更多的帮助。2019年3月搬入鄢家山安置区的贫困户黎仕宏说："姚老师的早教园，帮助我家解决了务好工和带好孩子的矛盾，让我对新生活充满了信心！"

姚大玲认为，随着人们的生活越来越好，农村早教事业的发展空间很大，她决心好好努力，将来开办更多的早教园，为更多的家庭提供更好的早教服务。

三桥村：他是乡亲们公认的“好管家”

三桥村上猫寨组一栋漂亮的楼房前，40来岁的村民陆光坤正在给花木盆景浇水。已是初冬时节，不少花木依然开着艳丽的花朵，把小院子点缀得生机盎然。

跟着陆光坤走进宽敞明亮的屋里，看着漂亮的各式家具和考究的房间陈设，很难想象他家曾经是贫困户。

陆光坤从小就很苦，成家后，虽然辛苦打拼，但生活并没有多大起色，以至于2014年被乡亲们评为贫困户。陆光坤说，多亏有了党和政府的大力帮扶，在最困难的时候，他靠着养“扶贫鸡”点燃了一家人的希望，特别是在妻子生病住院的时候，国家的医疗保障政策又帮助一家人渡过了难关。说起这些，陆光坤无比感慨：“每次都是在最关键的时候，国家扶了最关键的一把！”

但陆光坤也认为，一个人的勤奋同样很重要。为了摆脱苦日子，陆光坤干过很多活，吃了很多苦，也因此学会了很多手艺——房屋装修、装潢设计、建筑施工、水电维修，是乡亲们眼中的大能人。陆光坤还参加了村里组织的厨师培训，他深有感触地说：“只要人勤快，爱学习，肯吃苦，就一定能够战胜贫困！”

凭着诚实厚道和勤奋上进，陆光坤谋到了一份建筑管理的工作，每月能有5000元左右的收入，儿子也从学校顺利毕业，在县城某企业上班，每月工资6000元左右，再加上妻子在超市里上班，全家1个月收入能有1万多元，日子过得红红火火。在组上的“十比十评”活动中，陆光坤家被乡亲们一致评议为“脱贫致富示范户”。

2019年初，陆光坤被乡亲们一致推选为组上的组管委委员，负责组上78户319人的组务管理。虽然很忙，但陆光坤十分开心，并把为乡亲们服务当作一种幸福。在他和另外两个组管委委员的努力下，整个寨子变得更加文明和谐、积极上进，先后涌现出了“清洁庭院示范户”“孝老爱亲示范户”“家庭教育示范户”“助人为乐示范户”“自立自强示范户”等一批又一批文明典型，成为村里的“文明示范村民组”。

经历过苦日子，将心比心，陆光坤对组上 10 多户贫困群众给予了更多的关心和帮助。贫困户陆世恒和老伴都已经 70 多岁了，唯一的女儿又常常不在家，大事小事都要来找陆光坤，他也总是有求必应、随叫随到，帮助陆世恒夫妇解决了不少生活难题。同是组管委委员的熊江媛说，陆光坤非常热心，是乡亲们信赖和公认的“好管家”。

陆光坤平时喜欢看书和唱歌，是个颇有文化底蕴的人。他和乡亲们商议，计划将组上文化广场旁边的老仓库改造成农家书院和农耕文化展示中心，以提升寨子的文化底蕴，丰富大家的精神生活，建设一个更加幸福美丽的“文明上猫寨”。

吃水不忘挖井人，脱贫致富感党恩。正是因为怀有感恩之心，这些贫困家庭才真正获得了源源不竭的发展动力，最终战胜了困难，走出了困境，迈上了小康路，并积极地以各自的方式为社会、为他人做出力所能及的贡献，用他们感恩奋进、回馈社会的感人故事，说明了一个十分朴素的道理：心怀感恩，能让生活变得更美好。

在脱贫攻坚工作中，独山县积极创造条件支持自主创业，全面优化环境鼓励贫困户主动脱贫，着力引导贫困群众摒弃“等靠要”落后思想，积极营造“听党话、感党恩、跟党走”的良好氛围，用帮扶干部的干事热情激励乡亲们以奋斗的姿态和感恩的心态奋力开创新生活，走向好日子，涌现出了一批批脱贫致富、感恩回馈的先进典型，为铸造全面小康、建设大美独山汇聚起了更多更强大的前行力量。

“改厨改厕”改出农家新生活

2016年，按照省委、省政府统一部署，省交通运输厅定点帮扶黔东南州深度贫困县从江县。帮扶过程中，省交通运输厅支持从江县资金达到34.17亿元，并在交通系统内挑选了一批能吃苦、作风实、能打仗的干部职工奔赴从江，出人出钱出力，用心用情用力，探索了“贵州交通决战从江战例”，在从江有效实践了“贵州战法”。

如今的从江，宽阔平坦的水泥路通村入户，在青山绿水之间，点缀着一栋栋少数民族特色民居，村民们在各个产业基地辛勤劳作。环境美了，钱包厚了，年轻人回家的时间多了、回乡的心愿大了，乡村振兴的支撑强了……

“政府出钱给我们改造了厨房和厕所，生活变了样。”得益于“改厨改厕”工程的实施，从江县往洞镇德秋村村民兰老些一家的生活环境发生了翻天覆地的变化。

德秋村，地处深山，交通闭塞，因长期处于贫困，村民住的老旧房屋早已破旧不堪，透风漏雨，家里甚至连厨房和卫生间都没有。

“过去，我们家没有厨房和灶台，在房间的地上堆几块石头砌起来，放个盆就能做饭。上厕所就在家附近搭一个简易的木草棚，挖个坑，搭两块木板，走上去摇摇晃晃，天热的时候，苍蝇、蚊子到处乱飞，臭气熏天。”回忆起曾经的生活场景，兰老些感慨不已。

为补齐住房保障短板，2019年，省交通厅、省公路局系统投入了大量的帮扶资金改善德秋村村民的住房条件。同时研究住房保障一户一方案，结合村民家庭情况采取“自建、统建、自建+统建”相结合的方式统筹推进，对全村所有存在短板房屋（不含搬迁户）开展全面整治提升，对村民住房门窗、屋顶、墙面、楼板、地面开展全面整治，消除住房透风漏雨短板问题。

“我们还采取了‘村级主导、群众参与、先建后补’的方式在全村全面实施改厨改厕工程。2019年，我们完成改厨改厕83户、危房改造7户、透风漏雨整治55户、人畜混居整治3户、住房保障补短板90户，硬化住房室内外地面2000余平方米，现在每户群众住房都建有含灶台的厨房和冲水式卫生间。”德秋村第一书记梁城说。

2018年3月，梁城被贵州省交通厅选派到从江县往洞镇德秋村担任驻村第一书记，几年来，他陆续向“娘家”省交通厅和其他部门协调筹集帮扶资金270万元，主要用于德秋村住房、教育、医疗、硬

黔东南州从江县往洞镇德秋村兰老些家改造后的厨房

化道路、饮水等工程。

在梁城的带领下，除了实施农村人居环境的整治外，为补齐安全饮水短板，德秋村还实施安全饮水巩固提升工程，新建蓄水池 3 个，对全村供水管网、设施予以完善，保障饮水入户全覆盖。

改造后，兰老些家的厨房、厕所变了样，厨房安装了洗菜池、切菜台，灶台还贴了瓷砖；厕所改为水箱冲洗式；原本坑坑洼洼的黄泥巴地面，也被干净的水泥地代替。

“多亏了党委、政府和交通系统的帮助，我们才能住上干净整洁的房子，心里别提多高兴了！”兰老些说。家里变卫生了，人变舒心了，兰老些的身体也健康了。

贵州织牢织密“基本医疗保障网”

近年来，贵州坚持以脱贫攻坚为统揽，紧紧围绕“基本医疗有保障”目标，深入实施健康扶贫工程，坚持以基层为重点，部署推动“五个全覆盖”“三年提升计划”“五个全面建成”“百院大战”“健康扶贫专项治理”“冲刺 90 天　打赢歼灭战”“全省卫生健康系统决战健康扶贫攻坚系列行动”等一系列举措，着力破解基层群众“看病远、看病难、看病贵”等突出问题。

远程医疗延伸服务触角

24 岁的帅兴莉怀孕 1 个多月时，被临床诊断为子宫瘢痕切口妊娠、重复性瘢痕子宫，在印江县人民医院治疗。

针对这一复杂病例，印江县人民医院通过远程会诊平台与苏州市第九人民医院的医生进行会诊，讨论患者的治疗方案，最终使患者得到了科学救治。

“如果不及时治疗，可能造成大出血，严重的话患者的子宫有被切除的危险。”印江县人民医院妇产科主任杨素蓉说，“远程医疗发挥了很大的作用，让我们能及时向苏州的专家请求帮助。”

患者可以及时享受省内外优质医疗资源，是贵州加强远程医疗建设的成果。

围绕“一网络、一平台、一枢纽”技术构架，贵州坚持“自建、自管、自用”原则，2016年至2018年，省委、省政府连续三年将“县级以上公立医院远程医疗全覆盖”“乡镇卫生院远程医疗全覆盖”“县级以上妇幼保健机构远程医疗全覆盖”列入“十件民生实事”和重点工程全力推进，率先在全国建成内联省、市、县、乡四级公立医疗机构，外接国家及发达地区优质医疗资源的远程医疗服务网络。

经过不断的探索和建设，贵州远程医疗创造了“三个率先”：

——率先在全国出台远程医疗服务管理办法及实施细则，明确责任认定办法、绩效分配比例和对口帮扶驻点时间计算办法；

——率先在全国将远程医疗服务按照常规诊疗费用纳入基本医疗保险报销范围；

——率先在全国出台充分体现公益性的远程医疗服务项目价格。

同时，贵州还推动远程医疗向村级和公立医院科室延伸，全力打通远程医疗服务“最后一公里”，形成了“乡镇检查、县级诊断”的诊疗模式。

家庭医生实现应签尽签

“你看你，一断药血压就升起来了，记住每天都要准时吃药。”在铜仁市万山区丹都街道旺家社区卫生服务站，值班医生邹雨佳成了社区居民信赖的健康管家。

邹雨佳在旺家社区卫生服务站工作了2年多，除了固定的门诊，她还与周边的900多户家庭签约，成了这些居民的家庭医生，定期开展健康讲座，针对签约居民的不同需求，提供不同的健康管理服务。

“无论什么时候，只要我们跟邹医生说身体不舒服，她都会马上赶来为我们诊疗，非常贴心。”旺家社区居民杨胜兰说。

2016年底，贵州启动家庭医生签约服务工作，以高血压、糖尿病等慢性病为重点，加快推进家庭医生签约服务，优先覆盖老年人、孕产妇、儿童、残疾人、建档立卡贫困人口等重点人群。

家庭医生团队定期与签约群众面对面随访，每年开展一次健康体检，根据群众疾病发展情况，分工协作，持续开展健康监测和健康指导。在开展健康指导的同时，家庭医生还适时向群众宣传健康扶贫相关政策，让群众知晓并全面享受相关福利。家庭医生团队已逐渐成为困难群众健康的安全卫士，守护群众身体健康，增强群众获得感、幸福感。

2020年，贵州已为全省建档立卡贫困人口中的44.28万名高血压患者、8.12万名糖尿病患者、1.58万名肺结核患者和7.2名万严重精神障碍人群提供了家庭医生签约服务，实现了应签尽签、规范服务。

三重保障做到应治尽治

“这些年来，儿子生病所花的医疗费用高达28万元，经过医保报销下来，我们自己只花了很少一部分，很感谢国家的医保政策。”潘仁红说。

潘仁红是黔东南州榕江县古州镇料里村马路边组的建档立卡贫困户。2008年，潘仁红的儿子查出患有血友病，一家人顿时犯了愁。

随着贵州省医疗保障制度的进一步完善，潘仁红家面临的问题逐渐得到解决。2014年，潘仁红家被认定为建档立卡贫困户；2015年，贵州省进一步完善重大疾病救治政策，血友病被纳入救治范围；2016年，原新农合医保实现了省内跨市州异地就医即时结报；2019年5月，贵州出台医保扶贫政策，对建档立卡贫困户实施基本医保、大病保险、医疗救助“三重医疗保障”。经过有效治疗，潘仁红的儿子已经可以自行活动，正常到校上学。

医疗保障是减轻群众就医负担、增进民生福祉、维护社会和谐稳定的重大制度安排。贵州始终坚持以人民为中心的发展思想，紧紧围绕群众关心的热点、难点问题，持续推进全民医疗保障制度改革，狠抓各项重点工作落实。

通过一系列扎实有效的工作，仅 2019 年，贵州就有 356 万人次享受了县域内定点医疗机构住院“先诊疗后付费”政策。2020 年，贵州农村贫困人口大病专项救治病种从 25 种扩大到 30 种，全省已救治罹患大病农村贫困人口 6.6 万人，做到了应治尽治。

四、大产业 托起“小家梦”

念好“山字经”，种好“摇钱树”，产业兴则贵州兴，产业强则贵州强，贵州坚持立足资源禀赋、气候条件、产业基础、市场需求和脱贫攻坚与乡村振兴有效衔接，推动优势产业优先发展、优势品种升级发展，经过这场感天动地的脱贫攻坚大战，贵州农村产业取得了历史性突破。

乡村旅游　“点亮”乡村振兴

汽车在坑坑洼洼的土路上抛锚，一位湖南摄影师误入从江岜沙，1989 年的贵州之行定格在他的记忆里——

岜沙人刀不离腰，枪不离手，头上留着发髻，犹如一个个“活着的兵马俑”。岜沙汉子挑着木柴，赤着双脚走在土路上，步行 8 公里后到达县城。一担木柴卖得 3 块钱，换点盐巴，再原路返回。

这，曾经是贵州乡村的缩影。它的风情让人着迷，却又因陷贫困而让人痛惜。举目四顾，这样的乡村在贵州大地星罗棋布。

1984 年，贵州省以凯里南花苗寨、雷山郎德苗寨等 8 个村寨为试点，在乡村美景的基础上做旅游文章，探索乡村旅游带动村民脱贫致富的道路。

答案很快水落石出：1986 年，郎德苗寨走上乡村旅游发展之路，接待美、英、法、德等多国游客，村民因此富裕起来。

1992 年 5 月 8 日，省政府召开旅游专题会议，提出以旅游业促进对外开放和脱贫致富的思路。

贵州大地上，一个又一个乡村与旅游携手，演绎出一个又一个旅游助推脱贫攻坚、助力乡村振兴的精彩故事。

农业，因旅游而兴

一亩地一年能有多少收入？

一亩玉米，年收入 680 元；一亩中药材，年收入 6120 元；一亩蔬菜，年收入 6800 元。

如果农业和旅游携手呢？铜仁市德江县桶井乡用实践给出了答案。

乌江从三面围困桶井，桶井人守着乌江却没水喝。土在乌江两岸的石头缝里，东一“巴掌”，西一“巴掌”，凑起来人均耕地不到 0.5 亩。村民世代劳作，日子依旧艰难。2016 年，桶井乡贫困发生率高达 39.51%。

脱贫攻坚，从何处破题？多番论证之后，桶井乡选择了山地高效农业，让土地换个种法。

石旮旯里，世世代代种植的玉米变成了猕猴桃、葡萄、柑橘、脐橙、红心柚……在桶井乡蔓延 5780 亩。

“树是种下去了，就是不知道果子往哪儿卖。”老乡们在果园里埋头干活时，绝大多数的话题都是对销路的焦虑。

桶井乡政府用发展旅游来解决农产品销路。“游客来了自然就不愁销路了。”乡政府工作人员一遍遍地给老乡解释。

阳春三月，桃花盛开。六月蜜桃成熟，七月猕猴桃丰收，八月葡萄甜了，到了九、十月，林下的金丝皇菊开放，柚子、柑橘缀满枝头。游客算着花开、果熟的日子，一拨一拨涌进桶井乡。赏花，摘果，观乌江美景，吃农家饭，老乡对销路的忧虑一扫而空。

“果子是挂在树上卖完的，价格还高于市场价。”村民说。

纷至沓来的游客，不仅解决了产品的销路，更为桶井乡村民带来了持续增收的路子——放下锄头，搞旅游。

望江山庄农家乐，坐落在乌江岸边的玉竹山顶上。来来往往的游客，每天为这里的主人带来至少 2000 元以上的毛收入。

杜伟在村里开起了购物店，销售桶井乡土特产——麻糖水、苕丝糖等，仅麻糖水每天就能销售近千斤。

农旅携手，乡村一新。

乌江岸边，曾经出不了庄稼的“荒坡坡”上，“新滩梦屿”已成为乌江秘境景区中的重要景点，秀丽风光已然变成金山银山。

曹以杰的茶园，是贵阳市开阳县云山茶海景点的核心部分。他曾一度因茶叶销量发愁，“好几年里，销售额一直停滞在 1000 万元左右”，精耕细作，依旧收效甚微。

零星而来的游客，给曹以杰提供了另一个思路：借旅游东风，让茶叶亩产更高。他在茶园里建起玻璃客栈、房车基地，游客纷至沓来，旅游收入连年攀升，茶叶销量也随之增长。

一亩茶叶，两种收入，湄潭把这个生意做得更大。2018 年，湄潭县 60 万亩茶田产茶 6.77 万吨，产值达 48.2 亿元，凭借茶海景观接待游客 511.74 万人次，实现旅游综合收入 39.05 亿元。

农村，因旅游而美

黔东南州黎平肇兴侗寨，60 多岁的村民陆婢运坐在家门口捶布，制作侗衣，说起 20 世纪 80 年代的侗寨——

地上横着一条泥巴路，天空电线密布，肇兴河因村民肆意倒入生活污水而变黑。享誉世界的侗族大歌，吸引着零星过来的游客，落后的基础设施，又让游客匆匆离去。

安顺市西秀区浪塘村，也曾是这般状况——

黔东南州黎平县肇兴侗寨

道路狭窄泥泞，生活污水四溢，邢江河又黑又臭，畜禽乱跑，粪草乱堆。浪塘村属于省级二类贫困村，也是有名的“脏乱差”和“空心村”。村民辛苦劳作，收入却不高。

村民杜云伟带着妻儿背井离乡打工，一去就是10多年，不肯回乡。

“后来搞旅游，村子就变了。”陆婢运和杜云伟都说，是发展乡村旅游改变了村子的面貌。

肇兴侗寨通过房屋整治、河道整治、“厕所革命”等，终于旧貌换新颜，成为全省首批甲级乡村旅游村寨。

浪塘村也在实行“四在农家 · 美丽乡村”行动计划，进行农房、道路以及河道整治后，摆脱“脏乱差”，成为“绿富美”。看到家乡巨变，杜云伟急忙带着妻儿回到村里，开起了农家乐。

遵义市播州区，曾经的“荒茅田”因发展乡村旅游，变成如今人尽皆知的花茂村——

在这里生活了一辈子的母先才记得：“曾经的村子破破烂烂，灰尘漫天，污水横流。”2012 年以来，政府投资改善了水、电、路、通信、民居等基础设施，实现黔北民居、庭院整治全覆盖，又在村里修建了垃圾池、垃圾转运站等，实现城乡垃圾一体化处理和居民生活污水无害化处理。

2019 年，花茂村等 12 个村被列为第一批全国乡村旅游重点村。

纪元林住在湄潭县鱼泉镇新石村，让他最为感激的是：乡村旅游的发展解决了厕所问题。

“游客进村，最怕的就是上厕所。三面土墙围个棚，几根木头一个坑，要么就在猪圈里隔出一个角落，人畜同便。”如今，这样的尴尬已经成为过去。

2016 年以来，全省加大旅游厕所建设投资力度，着力新建、改扩建旅游厕所。

旅游基础设施改善了，乡村更美了，游客也纷至沓来。

农民，因旅游而富

毕节市大方县，彭德义从理化乡搬进县城内的奢香古镇。这个具有彝族风情的特色小镇，集观光、旅游、体验、娱乐、餐饮、购物于一体，并于 2018 年底正式成为国家 AAAA 级旅游景区。

从理化乡搬进奢香古镇前，彭德义被各种问题困扰，日子总是好不起来：

——路难走。从彭德义家到县城，先要步行5公里，然后颠簸一个小时，“有点蔬菜瓜果，也难卖出去”。

——觉难睡。“屋脚是洪家渡水库，屋后是大山。一到下雨既要担心水位过高淹了房屋，又要担心山体滑坡。”

——钱难挣。“一年忙到头，收入还不到5000块。”

搬进奢香古镇后，“路好走了，能踏实睡觉了”。更让彭德义满意的是，“在古镇打零工，一个月的收入相当于原来一年的收入”。

奢香古镇，一头连着贫困户，一头连着旅游市场，旅游产业成为贫困人口增收致富的渠道。随着旅游业态的完善，将产生更多的就业岗位。

大方将贫困户搬入景区，从江则将乡村旅游引入村寨。

苗族同胞在黔东南州从江县岜沙苗寨古芦笙堂鸣枪送客

1999年，从江县政府开始大力开发岜沙旅游，一方面，多方筹资解决当地人畜饮水问题，修建县城至岜沙的旅游公路；另一方面，在村中培育农家乐示范户，引导村民发展乡村旅游。

过去，岜沙村民在层层叠叠叠到云端的梯田里劳作，勉强糊口。在从江县政府的引导下，岜沙走上乡村旅游发展之路，蜗行摸索。

2000年，岜沙景区游客接待量0.59万人次，旅游综合收入21.76万元。

2017年，岜沙被评为国家AAAA级旅游景区。

2018年，岜沙景区门票收入超过了700万元，每户年均旅游收入3000元以上，以此带动岜沙村贫困人口131户664人实现脱贫，贫困发生率下降至2.88%。

2019年9月，走进岜沙，简陋的土路早已被宽敞干净的柏油马路替代，村民不再卖柴换盐，湖南籍摄影师在1989年见到的那个穷困的岜沙，在熙熙攘攘的客流中早已遥远得无法想象。

遵义播州区往北行进100公里，到这个行政区最偏远之处便是团结村——曾经的省级深度贫困村。

在外打工的张元华带着妻子又回到了村里，开起了一家乡村旅馆。“一个月能有好几千块。”黄彬权把自己的老房子装修一番改成了农家乐，生意做得红红火火。

农村因旅游而美，农业因旅游而兴，农民因旅游而富。旅游产业已成为贵州实现乡村振兴的有效渠道。

小葡萄串起致富“大产业”

阳春三月，风和日丽。黔东南州岑巩县思旸镇岑峰村，满山的葡萄、脆红李长得正旺，当地群众正忙着剪枝、锄草，到处一片忙碌的景象。

“这是我用自己种植的葡萄酿制的葡萄酒，你们尝尝，口感好极了。”该村村支书杨洪尤从屋里抬出一罐土坛子酿的葡萄酒，邀请在场的人品尝。经过一段时间的发酵，葡萄褪去甜腻，散发出酒液原本的味道，浅呷一口，沁人心脾，馥郁圆润的口感弥漫齿间，味蕾被轻触，让人迷恋。

说起岑峰村的葡萄种植，杨洪尤打开了话匣子：“原来我们村主要种植传统农作物，老百姓一年只能得到五六百元的收入，根本不够用。现在我们发展葡萄产业，盛产期每亩收入可达 8000 元到 10000 元，平产期收入也有 5000 余元，老百姓的生活水平得到提高，日子也越过越好了。”

岑峰村曾是一个“贫困人口多、矛盾纠纷多、光棍小伙多”的“三多村”，近年来，该村抢抓发展机遇，以“党支部”带动为抓手，以产业发展为推力，以打造特色品牌为主线，带领村民大力发展葡萄、脆红李、稻田养鱼等产业，将得天独厚的自然优势、生态优势、地理优势转变为经济优势，利用产业发展结合生态环境的方式，打造“绿色、无污染、原生态”品牌，既保存了青山绿水，又赢得了经济效益。

黔东南州岑巩县岑峰村的葡萄产业方兴未艾

葡萄是岑峰村的主打产业。该村主要种植紫秋葡萄，用于酿制葡萄酒。紫秋葡萄具有抗逆性强、产量大、品质优、适应范围广、穗型紧凑等特点，其味浓郁香甜，有独特的香气，鲜食深加工皆可，能发挥最大的经济效益。

岑峰村共种植葡萄 450 余亩。盛产期每亩预产 8000—10000 斤，平产期每亩可产 5000 余斤，每斤以保底价 1 元销售，年收入可达 200 余万元。不仅如此，葡萄基地还实行套种，林下发展蔬菜和中药材种植，每亩可增加 1000 余元的附加值，收入可观。

“这是我种的葡萄，现在有 20 多亩，里面还套种了中药材和油菜。我们在农村，没有技术，经济压力大，光靠这一亩三分地根本养不活家人。多亏了村‘两委’带动村民发展葡萄产业，带我们到各个地方的葡萄示范基地考察学习，免费给我们提供技术。”岑峰村村民龙克勇看着眼前的葡萄地乐滋滋地说道。

龙克勇曾是村里的贫困户，家里有两个孩子，还有年迈的父母，

村民种植的葡萄喜获丰收

生活的重担都压在他的身上。以前的他缺乏资金、技术，只能做苦力，辛苦不说，工资还少，常常入不敷出。决定种植葡萄后，龙克勇就经常向技术员虚心求教，在网络上学习管理技术。从“一贫如洗”的贫困户到现在的葡萄种植“大户”，从“无技术”的农民到现在的葡萄种植“技术员”，他用自己的努力和奋斗，完成了一次又一次的“蜕变”。

“我们村已经形成规模性的葡萄产业基地，接下来，我们打算延伸产业链条，向深加工要效益，生产葡萄汁和葡萄酒，通过互联网销售，使葡萄产品交易由线下扩展到线上，由单一向多元化转变，使葡萄产品成为我们岑峰的特色和‘地标’。”岑峰村第一书记万胜林勾勒出岑峰葡萄产业发展的蓝图。

春日暖阳照在葡萄基地上，新发的根藤“环抱”着整齐有序的水泥柱，散发出活力与生机。小小的葡萄，串起了脱贫致富的“大产业”，也为岑峰实现乡村振兴添足了动力。

“白茶小镇”茶飘香

春分时节，芽茶燕舞。

安顺市普定县穿洞街道茶产业路上，云雾缭绕，朦胧群山若隐若现。成百上千的采茶工闪动在茶树间，双手翻飞，趁着暖春采摘收获一年的茶树新芽。

早在 2009 年，从第一家茶企黔龙茶业落户穿洞街道开始，仅仅 12 年间，穿洞街道茶叶产业发展基本实现了 12 个村全覆盖，种植面积近 3 万亩，穿洞街道成了名副其实的“白茶小镇”，白茶也成为穿洞街道的主导产业和致富的“敲门砖”。

“白茶小镇”香自来

在山间的茶林间，随处可见忙碌的采茶工，他们双手交替，不停地重复着“轻握、轻提、轻放”的动作。

中午时分，在亮峰茶业茶青收购点，采茶工人们纷纷戴上口罩，排起了长龙，并配合收购人员评级、过磅、记录、打单，现场领取一天的劳动收入。

人群前，亮峰茶业收购员黄勇财正熟练地过秤，并打单交给采茶

安顺市普定县穿洞街道靛山村春茶收购热闹非凡

工人。随着气温逐渐升高，茶青的产量也稳步上升。

据穿洞街道党工委委员、办事处副主任胡永康介绍，2014 年，穿洞街道建立了第一家白茶生产企业——普定县亮峰茶业有限公司。白茶在浙江、上海、福建等地有广阔的市场，可在经济上产生较高收益，前景好，穿洞街道便及时调整发展方向，提出了打造“白茶小镇”的发展规划。白茶在穿洞街道获得了迅猛的发展，白茶的清香也在小镇上蔓延开来。

秉持着“一张蓝图绘到底，一届接着一届干”的理念，穿洞街道先后培育了 13 家茶企（其中引入省外企业 4 家、本土企业 9 家），撬动社会资本，迅速发展壮大茶产业，基本实现茶产业全覆盖。

2020 年，穿洞街道的亮峰、久茗、萌春、茗之源 4 家茶企生产白茶近 40 吨，种植的白茶品种有黄金芽、黄金叶、极白、郁金香、白茶一号，可采面积已达 1 万余亩。

乡村振兴的“致富叶”

踏入茶园，清新的空气中飘着淡淡的茶香，兴利村村民陈飞燕一边采茶，一边与同村的村民有说有笑。

陈飞燕一大早把儿子送到幼儿园后，就利用空余时间来到这里采茶，一上午可以采摘 2 斤多的茶青。看着竹篓里满满的茶青，她开心地说道：“在家里没事做也是闲着，这几天我每天抽空来这里采茶，一天可以有 100 多块钱的收入，而且这里离家近，照看孩子、采茶两不误，对我来说是件两全其美的事情。”

穿洞街道联合村的村民李时梅是采茶的“老手”，每年春节采茶季她都会在附近的几个茶企采茶，这一两个月也是她一年中的收入旺季。“这几天的茶芽长得不多，今天一上午下来，也就采了 120 块钱。”李时梅扬着手中的结算单说道。

“熟练的老工人都是用双手采茶，左右开弓，我们这里有个采茶最多的年轻‘高手’，一早上就采摘了 170 元的茶青，较快的工人每天可以采摘 200 至 300 元。”黄勇财让人把成筐的茶青搬上车时说道。

近年来，穿洞街道采取了“企业 + 合作社 + 产业基地 + 大户 + 农户”的共赢发展模式，在白茶产业的发展过程中，按照省委提出的“来一场振兴农村经济的深刻的产业革命”的要求，紧紧围绕“产业选择、培训农民、技术服务、资金筹措、组织方式、产销对接、利益联结、基层党建”的产业革命八要素，坚持以企业带动破解发展资金不足的难题，以合作社的方式有效组织群众和统一发展标准，以产业基地强化示范带动和技术培训，以大户加强产销对接，解决贫困户富余劳动力就业，充分调动一切积极因素，形成了多方共赢的发展格局。

据 2021 年 5 月该办事处统计结果显示，穿洞街道通过发展茶产业解决用工 90 万人次；每年每亩茶园管护费用为 900~1200 元，3 万亩茶园需发放务工费约 3000 万元；可采白茶园区茶园每年每亩茶青采摘人工费 6000 元，1 万亩可采茶园发放采摘费 6000 万元，白茶产业已然成为穿洞街道乡村振兴的“致富叶”。

安顺市普定县穿洞街道靛山村，茶叶梯带盘绕山间

生态优良出好茶

摊青、杀青、理条、提香……在久茗茶业加工厂，从浙江高薪聘请回来的专业制作白茶的师傅程德华不时伸手抓起生产中的茶叶查看，严格把控每一道生产工序的“火候”。

“相比于其他地方的白茶，高海拔、多云雾使得这里的白茶叶片更加肥厚，每片叶子中沉淀的各类物质更多、更丰富。”程德华说出“安顺出好茶”的缘由。

久茗茶业董事长孔祥宁一边轻轻摇晃着茶杯一边说道：“口感好、

香气浓、品质优、鲜爽甘醇已经为我们在收购商中打下了口碑，我们普定生产的白茶氨基酸含量可达 9%，在市场上更是受到客户一致好评，价格也要多出一二百元。”

“安顺白茶比安吉白茶提早半个月上市，品质高，市场竞争力强，同时采茶期延长近 20 天。”孔祥宁说，尽管采购商因疫情防控不能亲自到现场，但每天还是有很多采购商催着出货，茶叶刚生产出来就直接发货拉走。

“白茶产业最大的优势在于市场，白茶主要销往江浙等沿海地区，市场稳定，需求量大，价格高。同时，我们也着力推进产业围绕市场转，大量种植高品质白茶，提升白茶的产业价值，提高应对市场风险的能力。”普定县穿洞街道党工委书记龚启旺说道。

从蓝图到落地，从落地到见效，对于白茶产业，龚启旺介绍，穿洞街道将发展白茶产业与脱贫攻坚、乡村振兴、环境整治、乡村旅游有机地结合起来，以街道办驻地龙新村为中心，以打造白茶小镇为引领，紧紧围绕“茶旅一体化特色小城镇”建设，形成了“主题集聚区 + 乡村度假聚落 + 品质茶旅度假”的发展格局，提升了白茶产业的带富能力。主体集聚区有文化体验、生态观光、休闲艺术 3 个板块，建设内容包括广场及附属工程、村民安置房、道路设计等。

白茶小镇的建设，有力地推进了穿洞白茶规模化、商品化的发展。

以特色产业盘活乡村经济

春风吹拂，万物复苏，黔中大地生机盎然。安顺市紫云自治县火花镇克田村通过发展肉猪、肉牛养殖，葡萄、李子等精品水果种植，利用该区域坡地资源发展产业盘活经济，增加收入助力脱贫攻坚与乡村振兴。

安顺市紫云自治县冰脆李丰收景象

“我们克田村地处偏远，交通条件较为落后，基础设施不完善，村集体经济薄弱，产业发展滞后，群众对扶贫政策知晓率差，存在脱贫观念不强、发展的内生动力不足等问题……”克田村村支书罗文斌解释该村成为深度贫困村的原因。

“自脱贫攻坚以后，我们克田村的基础设施搞起来了，产业也渐渐发展起来了，村里的光景是越来越好了！”罗文斌说起克田村的变化，难掩喜悦之情。

在上级政府的精心指导下，克田村着手发展生猪养殖扶贫产业项目。通过与德康养殖有限公司合作，采用“公司＋合作社＋贫困户”的发展模式运营，由德康公司提供猪崽、疫苗、饲料、养殖过程中的技术指导，克田村合作社提供土地、基础建设、组织人员进行养殖管理。当养殖的肉猪达到出栏要求后，德康公司给予贫困户每头猪 260 元的代养费。该养殖项目利益联结 80 户贫困户，吸纳贫困户进行量化入股，股金为每户 1 万元，年底按照 6% 进行分红。

“我们村内的肉猪养殖场于 2019 年 2 月开始投入幼猪，养殖规模达 1000 头，在周边地区算是规模比较大的肉猪养殖场了。”驻村干部王伦说。

“对于目前养殖的小半大猪，我一般早上 8 点喂料一次，10 点对猪圈进行一次清理，下午 2 点喂料一次，晚上 7 点再喂料一次。小猪需要少食多餐，一天喂 3 次，长大之后就只喂 2 次。”肉猪养殖场饲养员冷清说。

“我们村养殖场养殖的肉猪，按照规定，养到 270 斤就可以出栏了，一般养殖半年以上，一年满打满算可以养殖两批猪。2019 年，我们养殖的 935 头肉猪出栏之后，拿到了 24.3 万元的代养费，也在年底对利益联结的 80 户贫困户进行了分红，村集体经济也超过了 3 万元。”罗文斌说。

克田村位于紫云自治县火花镇西南面，距紫云县城60多公里，西与镇宁自治县六马乡八大村、南与望谟县边饶镇岜饶村、北与紫云自治县火花镇纳磨村相邻；克田村共有9个村民组、8个自然村寨，全村总人口有417户2185人，村内耕地面积1357亩、荒山面积9000亩。

利用丰富的山地资源，克田村着力发展精品水果种植。

“截至2020年，克田村葡萄种植面积有650多亩，有20多户种植，其中贫困户有18户；李子种植面积有650多亩，30多户种植，其中贫困户有23户。”驻村干部王伦说。

2020年，克田村种植的精品水果品种有冰脆李、四月李、蜂糖李，亩产精品水果可超过1000斤，精品水果通过火花镇李子协会和葡萄协会，以及自产自销等方式销售到湖南、广西、贵阳等地。精品水果的种植，可助力贫困户每年增收5000元以上。

依托良好的生态资源，2019年，克田村抓住紫云自治县推进“中蜂养殖”产业发展的契机，大力发展蜜蜂养殖产业，养殖蜜蜂100箱，利益联结10户贫困户。

克田村原来有建档立卡贫困户293户1405人，贫困发生率一度高达64.3%。通过脱贫攻坚的努力，通过种植、养殖等产业的发展，克田村已摆脱绝对贫困，通过产业发展盘活了地方经济。

中火村里的算账声

芒种刚过，夏天的气息渐浓。

“今天真热啊！中午了，天秀妹子，歇一下吧，都干了一上午了。”在黔南州瓮安县玉山镇中火村角旁组的辣椒地里，毛光琴停下锄头，抬头看了一下天，用毛巾擦了一把汗。

“毛大姐，我们再努把力，这块地的草马上就除完了，做完再休息嘛。今年我们村的那个蔬菜基地才开始运行生产，这第一年尤为重要，一定要做好嘞。”旁边的王天秀一边挥舞着锄头，一边讲道。

“也是，好好做，等以后发展起来了，大家的生活就安逸咯。”想着以后的生活，毛光琴重新举起了锄头。

“嗯嗯，听村里张支书讲，这蔬菜基地是广州那边帮我们村建设的，助我们村农民增收的，花了 100 万（元）呢！等发展好了，我们村的日子会更好。”王天秀笑着说，往蔬菜基地的方向看去。

远处，大棚连绵成片，那是广州市海珠区在东西部协作中建设的扶贫增收项目——瓮安县玉山镇中火村蔬菜基地。基地建于 2019 年 10 月，工程投资 100 万元，于 2019 年底完工，2020 年初开始运作生产。该蔬菜基地生产、灌溉、运输、办公等各项设施齐全，共有 35 个生产大棚，总共占地 11936 平方米；3 个育苗大棚，占地 3456 平方米。蔬菜基地流转周边的 200 余亩土地，种植精品蔬菜。

在辣椒地，经过 20 多分钟的劳作，地里的杂草被除了一遍，满头大汗的两位农家女坐在田坎上一边休息，一边拉着家常。

“有了这基地，你们家日子是越来越好了。男人在基地当管理人员，每月有 4000 块，平时又干着基地里犁地的活，一天就有一两百；你又在这里做工，一个月怕是有七八千哦！现在出去给外面人讲你家是建档立卡户，别人还不信呢！”毛光琴笑着打趣。

“哈哈哈，没有这么多，我两口子一个月才 6000 多点，他在基地里犁地啊这些是帮忙干的，不要钱。他跟我讲，家里能脱贫全靠政府的好政策，现在有了这样的生活和收入已经很知足了，在基地里能帮忙的地方就去，做些力所能及的事情。”想着家里现在的好生活，王天秀笑得很灿烂。

瓮安县中火村辣椒大丰收

“嘿，你俩在干吗？快起来干活！”突然，一声喊从身后传来，吓得两人赶忙起身，回过头去，迎来的却是一张笑脸。

说曹操曹操到，王天秀的丈夫何泽兵来了。“活干完了？走，吃饭去！”何泽兵刚在基地大棚那边用旋耕机犁完了地，眼看中午了，就过来接妻子回家吃饭。

和毛大姐道别后，王天秀和何泽兵就往家走。路上，王天秀讲了与毛大姐聊天的内容，并问丈夫：“今年是基地开始运行的第一年，真的能赚到钱吗？”

“那当然，前段时间村里犹书记和张支书就和余庆的一个蔬菜批发商建立起联系了，在遵义都是有自己门面的，只要我们能种得出来，种得好，那完全是不怕卖不出去，肯定能赚钱啊！再说了，还有广州那边帮忙，那边市场更大。”何泽兵笑着说。

“嘿，也是，我们老百姓操这种心干吗？好好干活就行了。家里的娃儿读书学费也不用愁了，这日子慢慢变好了……”何泽兵夫妻俩怀着对未来美好生活的热情，相互依偎着走在回家的小路上……

话分两头，另一边，在中火村的村委会里，驻村第一书记犹昌春和村党总支书记兼村主任张勇正在算着一笔账。

“现在，蔬菜基地以辣椒为主的农产品收益已初见成效。前段时间基地大棚免费为村民培育的200亩头花蓼苗，就价值2万余元。”张勇高兴地对犹昌春说道。

“真不错，这第一年有搞头！先富带后富，前面有人帮忙，还是比自己摸索要容易得多。广州那边帮大忙了！”犹昌春也笑着。

两人高兴得直搓手。蔬菜基地通过育苗大棚，为玉山全镇育苗农作物3590亩，其中烤烟600亩、辣椒2790亩、头花蓼200亩；在这当中，就有中火村育苗烤烟435亩、辣椒300亩、头花蓼200亩。蔬菜基地在发展本村经济的同时，还为玉山镇发展农业提供苗圃支持。

通过解决就业、发展产业、利益联结等手段，帮助村里143户建档立卡户在原有收入的基础上实现户均增收。

犹昌春和张勇走出屋外向远方眺望，两人思绪万千。

携瓮海倾情之手，联协同发展之心。中火村只是黔粤携手发展的一个缩影。

几年来，瓮安、广州两地用好广州市“三会一节”（广州招商推介会、广州博览会、广州国际茶叶博览会和广州海珠区美食节）等平台，组织开展各种形式的招商宣传和项目推荐，先后组织了8批次150余人（次）赴海珠区有重点、有目标，带项目、带任务上门招商。借助“三会一节”、瓮海公司、电商等销售平台，广州帮助瓮安销售鸡蛋、茶叶等农产品的成交额达1.3亿元。同时，两地搭建了企业互助机制，按照“资源共享、优势互补、合作双赢、共同发展”的原则，“区—县”联合成立了广州瓮海投资运营有限责任公司，瓮安22家企业到广州进行产品展示，有力提升了瓮安企业及产品的形象，促成双方企业深度合作。此外还开展农特产品种植生产、购销合作，开辟“黔货出山”新模式，引导广州胜佳超市与瓮安8家食品企业达成销售协议，瓮安50多种优质农产品在广州成功上市，2019年实现农特产品销售额5173.8万元。

广州国际茶叶博览会上的瓮安展销馆

广州市海珠区与黔南州瓮安县跨越 900 多公里的空间距离，友谊之桥飞架东西，瓮安县在协作双方的努力下，摆脱了绝对贫困，大步迈向乡村振兴。

小树藤编织出脱贫路

繁忙的一天即将开始，简单吃过早餐后，王敏便踏上上班的路。王敏是黔东南州雷山县的一名易地扶贫搬迁群众，2018 年 6 月，她和家人从雷山县大塘镇桥港村搬到了雷山县羊排易地扶贫搬迁安置小区。

步行大约 10 分钟后，王敏到达了目的地——雷山县宏鑫工艺品加工厂。这是一家以生产研发传统藤编、竹编为主的特色手工艺加工作坊。

雷山县是文化和旅游大县，全县仅国家级非物质文化遗产就有 13 项。近年来，雷山县大力创设“非遗”扶贫就业工坊，培育传承人，开发文创旅游产品，创造就业岗位，带动当地群众脱贫致富。

宏鑫加工厂负责人杨国超是雷山县挖掘培养出来的“非遗”传承人，他是雷山县大塘镇交腊村人。交腊村地处雷公山腹地，森林茂密，古树藤蔓丰富。这里的苗家人世代以农耕为生，山间的野藤和方竹是他们加工农用器具和生产设备的天然材料。

2015 年春节，杨国超回家过年时，看到爷爷留下来的烟斗上有一个藤编装饰物，这引起了他的注意。“我之前在义乌做装饰品，感觉义乌什么都有，但是没有这个。”杨国超拿着烟斗去找叔叔请教藤编技艺，“但叔叔编得也不好”。

春节后，杨国超回到义乌，但他没有停止钻研藤编技艺。经过几次尝试，杨国超创新推出了工艺品——桌面花篼，并申请了专利。

黔东南州雷山县宏鑫加工厂的工人们制作藤编工艺品

2017 年 8 月，杨国超回到家乡。“年纪大了，不想在外面，准备回老家开个小厂，做藤编维持生计。”不久后，一个偶然的机会，交腊村驻村第一书记赵广看见了杨国超的藤编工艺品，并向县里推荐。

2018 年 6 月，当地政府在雷山县牛王寨易地扶贫搬迁安置点给杨国超提供了 4 间门面。杨国超成立了宏鑫工艺品加工厂，2018 年 7 月正式投产，但因为管理不到位，工人技术不熟练，第一批产品残次品率很高。此后，杨国超改进工艺，选用更细的藤条，并降低了生产难度。“改良后作品更小巧、精致、美观，更受消费者喜爱。”

为了更好地帮助贫困户就业，2019 年 5 月，杨国超在羊排小区增设了加工工坊。“场地是政府协调解决的，租金也有一定减免。”杨国超说。

“工厂刚成立的时候我就来了，最开始在牛王寨，这边工坊弄好后，就到这边来了。”王敏回忆，她此前在蛋糕店工作了半年，因为工资低和不方便照顾小孩，就辞职了。“现在每个月工资3000元左右，挺好的。”

工厂主要通过政府组织展销和自己找商家拓展销路，产品最远卖到了日本和韩国。2019年，工厂总产值达180万元，支出工资27万余元。

由于生产的藤笪、花篼供不应求，杨国超着手装修厂房，准备扩大生产规模。为此，公司争取到东西部扶贫协作资金70万元，用于新建藤编工艺加工车间1个和装修、水电安装及购买相应设备等。杨国超算了算工人们的收入：“工厂现在有17名工人，都是贫困户，工人熟练后每天能挣100元左右。”项目还利益联结了大塘镇搬迁至易地扶贫搬迁安置点的贫困人口70人，年人均分红500元以上。厂房全部装修完成后，至少可以提供300个就业岗位。

发展藤编业，让更多群众就近就业，只是雷山县抓脱贫攻坚促发展的一例。

黔东南州雷山县宏鑫加工厂的藤编工艺品展示

这几年，通过大力发展“两业”（就业和产业），群众增收明显加快，全县贫困发生率从 2014 年的 28.2% 下降至零。

在羊排安置小区宏鑫工艺品加工厂生产车间里，王启英正在给新员工讲解藤编技术。她是从达地水族乡搬迁来的。“在这里上班离家近，工作方便，工资一个月也有 3000~4000 元，不比外面低。我很满意现在的生活。”

“我们社区现在有 6 个扶贫车间，大概能解决 300 人的就业岗位。车间现在正在扩建中。扩建完成之后，将会解决更多人的就业。”城南社区居委会主任杨秀禧说。

自脱贫攻坚战打响后，雷山县就把易地扶贫搬迁群众就业作为后续帮扶的重要工作来抓，充分发挥“基层党支部 + 企业（扶贫车间）+ 贫困户”三位一体劳务模式，按照用工企业的技术、岗位需求，精准培训，精准匹配，组织化劳务输出，帮助搬迁群众就近就业，并以有组织劳务输出、稳岗补贴、发放爱心礼包等方式，推进搬迁群众就业。

油茶林变成“金”果林

尽管还没有进入正式生产，但前来考察、下订单的企业已络绎不绝。2019 年 6 月，位于黔西南州册亨县巧马镇工业园区内的天香布依油茶有限公司每天机声隆隆，筛选、脱壳、压榨、精炼、灌装……每道生产线上都很忙碌。“现在我们是按计划定量生产，需要维持到秋收季节，否则产品早就卖光了。”公司总经理黄璐说，从企业到农户，无不盼望着丰收季的来临。

农户重拾产业信心

土坎上，杉林间，小路旁。

韦树运家的油茶树东一株西一株，结果与不结果的统一算下来有 10 余亩，过去亩产茶籽不过 80 斤，产量低得可怜。

2019 年 6 月 15 日早晨，夜雨歇，山风吹，骄阳烈。韦树运与几位乡邻在路旁码杉木垛，身影一起一伏。

10 年前，韦树运家的油茶林有 30 多亩。秋天，在册亨县油茶主产区弼佑镇，漫山遍野都是花果同枝的景色，赏景、订购油茶籽的外地客商也纷至沓来。后来随着市场价格一降再降，加上油茶树逐年老化绝育，村民们陆续挖掉油茶树，种上速生杉木。韦树运家 30 多亩油茶树逐渐减少到 10 来亩，挖掉的老油茶树用作柴火烧了 2 年。

“家家户户都在挖油茶树，很痛心。”册亨县委宣传部常务副部长易化锐说。为破解没有龙头企业带动发展的瓶颈，弼佑镇加大招商引资力度，先后与 20 多家企业洽谈。“交通不便、市场波动大、企业抗风险能力弱，谈不拢。”易化锐介绍说，所幸册亨油茶，尤其是“册亨红球”品质好、出油率高，每年都有来自周边县（市）及湖南、广西的客商前来收购，加上后来争取到林业部门技改资金扶持，还对村民进行引导，才在一定程度上稳定了油茶的种植面积。

2019 年开春以后，韦树运伐杉木比任何人都积极。作为镇里准备扶持种植油茶的 1400 户建档立卡贫困户之一，他获得 500 株优质油茶苗。通过培训，他还对自家的油茶林进行了除草、剪枝、整形等，并准备筹钱多购买些树苗，恢复他的 30 亩油茶林。

“老百姓现在又积极改种油茶，全镇新增了至少 1000 亩。”弼佑镇镇长胡秀礼笑着说，一挖一种，映照出群众对产业发展的信心。

人才回流提振脱贫攻坚士气

覃国贤，弼佑镇落江村的一名三十出头的布依族青年，家中有油茶林 20 亩，外出务工 10 年左右。

2016 年春节后，覃国贤决定留下来发展油茶产业。他带头成立了专业合作社，建起了榨油坊。由于带富能力强，他还被推选为落江村村支书。“县里有了初步规划，政策也越来越好，有产业扶持，还将建龙头企业和加工厂。我思考了几天，还是决定留下来发展油茶，无论如何都比打工强。”覃国贤说道。

在合作社的带动下，群众对部分老茶林进行了改造，一些看似绝育的老油茶树重焕生机。村民覃福春家10亩油茶产量从2016年的800斤逐步上升到2017年的1200斤、2018年的1800斤，产值也逐年递增，年收入从4800元到8400元，再到1.44万元。“2019年产量约有2000斤，收入1.8万元左右。”覃福春一边伸出两个手指头比画，一边乐呵呵地说。

“这种有头脑、有干劲，回来带头发展的年轻人有好几个，他们将会成为油茶产业的中坚力量和稳定的本土人才队伍。”胡秀礼介绍说，2019年全镇已建成油茶专业合作社10家，引进加工企业1家，已建成老茶林改造示范基地1个，建成良种繁育基地1个。通过合作社带头示范和教授技术，2019年全镇丰产林8.5万亩，产量达到5700多吨，产值达8000多万元，种植农户人均增收达8000元以上。

全产业链托起乡村振兴希望

2019年端午节期间，册亨县天香布依油茶有限公司试生产的5吨优质茶油以每斤129元的价格被抢购一空。天香布依油茶有限公司的成立得益于东西部扶贫协作扶持，于2017年始建，2019年5月底试生产，一出手就显示出“带头大哥”的气魄。

与此同时，全县10余家合作社、上百家小作坊生产的茶油也成了抢手货，市场价格从往年的每斤45元上升到60元。

2017—2019年，宁波市先后累计投入2150万元扶持册亨县油茶产业发展，规划建设1个年产值1亿元的茶油精深加工厂、1个茶籽烘干厂、1个老茶林改造示范基地、1个良种繁育基地，形成一个产值10亿元的油茶全产业链条。

天香布依油茶有限公司是一家富民强县的龙头企业，除了在种植管护和产品加工上做带动示范，还肩负着建基地、带合作社、技术创新和传授、品质把控、市场拓展等重任，从宁波选派到企业的专家组也进行为期至少 3 年的常驻教授，确保油茶产业在选育、改良到后期的全产业链形成过程中不脱节。

“扶持建龙头企业，较好地解决了村级合作社组织和带动能力弱、抗风险能力弱、群众种植管护手段落后、工艺水平低的问题。”时任宁波市挂职册亨县副县长吴益统曾为拓展市场忙得脚不沾地，“龙头企业的消耗能力仅占全县油茶籽产量的 1/4，余下的优质原料该怎么办，加工企业该怎么引，这是我们当时急需确认的问题。”

产业能否发展壮大，关键看产品、产能是否充足。在宁波市与册亨县的共同规划中，10 亿元油茶产业链的形成，不但有能力消化全县 17 万亩、8000 吨油茶籽产量，带动 4000 多户油茶种植户增收，还将依托自身高品质的绝对优势抢占油茶市场话语权。

“但我们还得一步一步地来。”吴益统说，企业首先要强化对专业合作社的培训带动，使合作社能快速成为技术标准推广的载体、原料仓储中心、物流枢纽，并能为种植户承担部分风险，形成一支支稳定的技术队伍；其次要提高并稳定自身产品品质，最终稳定市场。

用 3000 万元撬动 1 亿元产值，再撬动 10 亿元产业链，实现产业兴旺、人民富裕，宁波市与册亨县信心满满。

“靠山吃山”走新路

走进纳雍县鬃岭镇小屯村仲家箐组，干净的柏油路在寨子里蜿蜒，一栋栋黔西北民居屹立山间，群众家的院子里绿荫绕墙、花香扑鼻。然而，以前的仲家箐却不是这样美丽。

“那时仲家箐最头疼的是烂泥路，雨天一身泥，晴天一身灰，群众吃够了苦头。”村支书王祖军说，这日子一直持续到 2014 年 6 月，村里完成了通组路硬化。

路修通了，该村因地制宜种起了 200 亩中药材“苦经盆”、1500 亩黄柏树、300 亩核桃，村民们搭乘时代东风建起了养蜂场、养牛场、养鸡场。

过去因为交通不便，村民赵才贵不得不把酒厂建在县城，一去就是 10 余年。如今看到家乡发生了变化，他把酒厂搬回了仲家箐。“这里不要租金，交通成本也低，算下来还比以前挣得多哩……”

村里的贫困户尤正平，因孩子上学导致贫困。2019 年，村里鼓励他种植黄柏树。尤正平培育了 20 万棵黄柏树苗，凭借这些黄柏树苗，他们一家正在往致富道路上“冲锋”。

一个个产业风生水起，一户户群众脱贫致富，产业发展让贫困村寨换了新颜。2019 年，小屯村人均可支配收入达 12600 元。

2006 年，重庆姑娘何小勤嫁给了家住纳雍县董地乡街上村的

“兵哥哥”龙林。龙林转业回乡后，夫妻俩看到撂荒的土地，萌生了发展产业的念头。

2010年，何小勤从娘家带来200株“九叶青”花椒苗，在董地乡开始试种，取得了成功。2016年，她和丈夫流转了360亩土地，投入200多万元开始大面积种植花椒，随着逐年发展，如今规模已达1000余亩。

“我要在家照顾生病的丈夫，无法外出，还好常年在基地务工，每月有2000元左右的务工费，基本可以维持家庭开支。”当地村民周元书说，目前像她一样常年在花椒基地务工的有10余人。

茶叶，是纳雍县生态产业的一张亮丽名片，更是群众增收致富的一道“大门”。

2009年以来，纳雍连续9年被评为全国重点产茶县。2010年获得“中国高山生态有机茶之乡”称号，2014年被评为“贵州十大古茶树之乡”，2019年该县“雾翠茗香”茶场获得全国“十大最美茶园”称号。

鬃岭镇如今是纳雍县重点茶产业基地，近7000亩的高山生态茶园一年四季郁郁葱葱。然而在10年前，这里曾是煤矿开采区，当地群众被其他乡镇的人戏称为“挖煤老二”。而今，该镇茶旅融合产业年产值上亿元，每年可为务工群众创收700余万元。

说起从“挖煤老二”到“生态守护者”的身份转变，鬃岭镇坪箐村村民尚金红感触颇深：“我们村以前百分之八九十的男子都在煤矿上挖煤，又危险又累。现在大家都在种蔬菜、八月瓜、药材和茶叶等，过得轻松自在。”

卖花、卖苗、卖果是库东关乡陶营村的致富之道。每逢春夏之季，白、绿、红成了该村的致富颜色。但在数十年前，陶营村的生计是卖瓦，颜色是“灰”。

杨德胜是陶营村小桥边的村民，和村里80%的村民一样，他家以前也是以烧制砖瓦维生，至今屋后还残存一个土窑。他回忆，记事以来，父母都是在这个土窑里做砖做瓦来维持生活。成家后，他也是靠土窑制瓦养家，一年最少有 300 天待在土窑和烟尘打交道。

采泥、烧砖，年复一年的恶性循环，污染了大气，毁坏了土地，严重破坏了陶营村的生态环境。怎样实现产业转型，成为陶营村的一大难题。

时光回溯到 20 世纪末，1996 年春天，纳雍县农业局农艺师徐富军在陶营村采摘樱桃时，偶然发现了一棵樱桃树的樱桃颗粒大、肉质厚。他像发现“新大陆”似的：这极可能是一棵受环境因素影响发生变异的植株，也许能培育一个新樱桃品种。经过努力研究，闻名省内外的“玛瑙红樱桃”在纳雍县诞生了。

如今，陶营村玛瑙红樱桃种植达到 6000 多亩，形成农旅一体的发展格局，兼顾生态和发展，每年花期和果期，全村樱桃销售收入 300 多万元，餐饮接待收入 5000 多万元，住宿接待收入 220 多万元，人均收入突破 13500 元。以前的“砖瓦村”摇身一变，成了现在的“樱桃村”“旅游村”，还成了纳雍总溪河 AAAA 级景区的核心区域。

毕节市纳雍县库东关乡的玛瑙红樱桃林

陶营村产业转型过程中，遵循了绿水青山就是金山银山的发展理念。在纳雍县委县政府、库东关乡党委政府的指导下，陶营村在推动玛瑙红樱桃种植过程中，依靠党建引领，建立“村社一体”合作社，合作社法人由村党支部书记兼任，形成了村牵头、社实施、户参与的发展模式，促使产业发展与乡村旅游齐头并进。

土芭蕉产业促增收

“第一次不用拿到市场上去卖就能赚到钱，以后我们种的土芭蕉可是找到好的销售地方了。”

一大早，兴义市则戎乡长冲村二组的村民龚正广推着自家种植的600斤土芭蕉来到土芭蕉加工厂仓储中心。细心查看，现场称量，现金结账，拿到钱的龚大伯笑得合不拢嘴。

与龚大伯一样高兴的，还有从干嘎、长冲、拱桥等周边乡镇赶来的村民。收购价每斤1元，无论多少，质量过关即可在现场被收购入库。芭蕉甜香的滋味，透过忙碌映在大伙儿眉间。

这是开心的一天，也是兴义市则戎乡土芭蕉加工厂仓储中心正式投入运行的第一天。开仓收蕉，意味着则戎乡土芭蕉深加工正式拉开序幕。

近年来，兴义市则戎乡长冲、拱桥等多个村寨大面积种植土芭蕉，土芭蕉产量增大。为延长土芭蕉产业链，该乡于2020年1月启动土芭蕉仓储中心项目建设。

长冲村位于黔西南州兴义市则戎镇东南部，坐落于风景秀丽的东峰林腹地，典型的喀斯特地貌，属省级一类贫困村。

长冲村作为多山多石村落，道路弯急坡陡，基础设施落后，村民生产生活长期不便。村民辛勤地劳动，却又因路途艰辛、饮水不便、就医困难而受苦，长冲村支委成员们是看在眼里，痛在心里，决心一定要改善村民的生产生活环境。

在上级部门的支持下，通过数年辛勤努力，村支委带动党员干部带头先后修通了通村路和通组路共计 34 公里，建成蓄水池 486 个，铺设自来水管道 3 公里，基本解决了群众“出行难、运输难”问题。

“现在用上了自来水，串户路也修到了家门口，要知道我们家这边就住了 3 家人，但是这条路就有 500 米长。这是以前想都想不到的事情。”长冲村绿荫塘组村民张祥文这样说道。

“我之前自己在外面开公司当老板，后来跟着支部学习，加上支委的宣传，我发现土芭蕉在村里确实是个好产业，我就加入了进来。还真干出了点成效，我这心里也乐呵，毕竟也是为家乡做出了贡献嘛。”长冲村土芭蕉产品仓储加工基地的股东、党员致富能手李先发这样说道。

长冲村不断加强基础设施建设的同时，着力改善贫穷落后面貌，村党支部积极探索集体经济发展道路，积极进行产业结构调整，力求实现农民增收、全村致富。

从 2006 年开始，村支委就带头种植麦熟李、金银花、滇柏等经济作物，大力发展现代农业，不断优化调整产业结构。在不断的探索和调研后，村支委决定大力发展芭蕉产业。

为消除群众的思想顾虑，2014 年，村支书郭万坤首先带头将自家的 10 多亩地全部种上芭蕉，村支委其他成员、村党支部其他党员也纷纷响应。“村民看见我们带头干出了成效、取得了收益，都决定紧跟我们村党支部的步伐。”村支书郭万坤同志说道。2019 年底，长冲村种植土芭蕉面积达 6000 余亩，实现了全村每家每户土芭蕉种植全覆盖，全村 318 户户户有产业，2019 年长冲村户均增收约 7000 元。为提升产品价值，延伸产业链，通过多方努力，长冲村启动建设了土芭蕉产品仓储加工基地，基地集芭蕉系列产品研发、生产、销售为一体，现芭蕉果酒已上市销售，基本达到了产业增效、群众增收的预期目的。2017年，长冲村土芭蕉产品及产地均获得了农业部（今农业农村部）无公害农产品认证，自主研发的土芭蕉果酒也获得了QS认证。

此外，长冲村还发展种植中药材铁皮石斛300亩，种植艾纳香、山豆根、黄精500亩，产业雏形初现。同时，长冲村借助紧邻东峰林、万峰湖的区位优势，积极发展旅游业，村境内建有1000余平方米的游客接待中心1个，每年接待游客近10万人次；群众已发展农家乐3户，日接待量达300人次，每户每年可创收5万余元。长冲村逐步形成了以镇村旅游、农业观光旅游和生态旅游等多种形式为支柱产业的特色新农村，农民人均纯收入有了较大幅度增长。

自脱贫攻坚号角吹响后，引导外出优秀青年回乡创业，不断为扶贫事业注入新力量，成了村支部的重要工作之一。“这几年，我们村发生了翻天覆地的变化，不光是解决了路和水的问题，党支部还带领我们发展了好些产业。听说村里要弄土芭蕉的加工基地，我是党员、退伍军人，我就想着应该回来帮忙。在村党支部的带领下，在群众的努力下，我们长冲村的芭蕉果酒现在也上市了，其他的产业也发展起来了，日子是越来越好过了。”长冲村芭蕉果酒产业发展正缺人才的时候，放弃了市里每月7000多元的高薪聘请，毅然决然回到长冲村为家乡产业发展尽一份力的郑鹏这样说道。

2018年，长冲村实现脱贫出列；2019年，全村贫困人口全部脱贫。长冲村党支部组织动员群众，将产业发展在生态上，将生态建设在产业上，将劣势变优势，将昔日石旮旯变成今日大氧吧，取得了经济生态双赢的好局面。

“小”刺梨带动“大”扶贫

盘州，素有“野生刺梨之乡”的美誉。刺梨，作为盘州的一张具有代表性的“王牌”，正成为人们认识和认可这座城市的“通关口”。

近年来，盘州市按照“生态产业化、产业生态化”的要求，坚持

金黄的盘州刺梨挂满枝头

“市级统筹、部门主管、乡镇主抓、平台公司主导、合作社主体”的发展模式，以“三变”改革为引领，做到科学规划、规模种植、规范管理，统筹抓好刺梨产业发展。

通过建园区、强龙头、创品牌、带农户，盘州已初步形成产、加、供、销全产业链，全力打造“经济发展、绿色引擎”，最大限度释放脱贫红利、产业红利、生态红利，走出了一条生产发展、生活富裕、生态良好的绿色发展新路，实现了百姓富、生态美的有机统一。

瞅准时机：遍地尽是“黄金果”

以往大山里不起眼的野果，如今成了人们生活的健康果，成了山里人的“摇钱树”。

2019 年，盘州市刺梨产业迎来了丰收季节，满山金灿灿的刺梨果像灯笼一样挂满了枝头，10 余万亩刺梨喜获丰收助农增收。

然而，几年前的盘州却是另一番模样。

盘关镇贾西村，曾经的深度贫困村，贫困发生率高达 33.8%。几年前，这里到处是光秃秃的石山坡，是令人闻而生畏的“穷山恶水”。

2014 年，贾西村利用“三变”改革模式，依托产业园区，连片发展刺梨产业，使分散的人、地、钱有效组织起来，增强发展动力。从此，贾西走上了一条脱贫致富奔小康的新路。贾西村种植刺梨达 13500 亩，直接带动 2267 户农户增收致富，顺利退出了一类贫困村。

贾西村的嬗变之路发人深思，令人振奋！

事实证明，“生态产业化、产业生态化”，刺梨产业保生态、富口袋，路子没错。盘州市当机立断，瞅准时机，多措并举助推刺梨产业发展，力争遍地尽是“黄金果”：紧盯基础抓基地，建好基地抓园区，积极采取林药、林菜、林苗等方式开展林下种植，以耕代抚，以短养长，既培育树体又增加收入；打造21个标准化刺梨种植基地、1个省级高效农业示范园区，获批“贵州省刺梨进出口基地”“国家级出口刺梨产品质量安全示范区”认证；立足“中国野生刺梨之乡”“中华人民共和国地理标志保护产品”“国家级出口刺梨食品农产品质量安全示范区”等品牌优势，不断完善刺梨的种、产、供、销等各个产业发展环节。

“为加快推进刺梨产业等主导产业发展，盘州更是先后研究出台相关政策文件，切实将产业发展及管护各个生产环节的组织保障、责任主体、资金保障、实施主体及收购、销售、加工等落细落实，有效保障了刺梨产业健康发展。”盘州市生态文明建设局副局长朱昌平说。

盘州市已建成的3个加工厂每年可加工刺梨鲜果38万吨，主要有刺梨王、天刺力等系列产品，已形成产、加、供、销全产业链格局。

产业带动：助农增收“拔穷根”

“走，剪枝去咯！”饶是萧瑟的冬日，盘关镇茅坪村却迎来了一个好天气，村民管鸿国起了个早，只见他一声招呼，七八个村民跟着他赶往刺梨基地。

“铺展开的老枝要剪掉，留下直立往上长的枝丫，注意不要碰掉嫩芽，来年要靠它们结果子呢！”

管鸿国是务工队的小组长，他给村民们做着示范，一双戴着红胶手套的手，拉着枝丫，拿着剪子在刺梨丛中灵活地翻动，不一会儿一株刺梨就修剪完成了，管鸿国喜笑颜开。

然而在几年前，管鸿国的眉头却常常紧锁。

刺梨丰收，村民喜上眉梢

“两亩地种玉米、土豆，刨去成本还卖不到 2000 块钱，一家 4 口人，2 个娃娃要读书，平时打点零工，日子过得紧巴巴的。”2016 年，村里产业结构调整，管鸿国把家里的两亩地入股到合作社，“大高个”玉米换成了“矮”刺梨苗，管鸿国也成了合作社的务工人员。

“你别看它刺多不讨喜，我们的收益可全靠它。管护得好，年收入会更高！”如今，天天和刺梨打交道的管鸿国，眉头终于舒展开来。

“野果子”摇身一变，成了农户的“摇钱树”。

近年来，借助产业结构调整，在盘州市政府的推动下，平台公司与各个乡镇签订合作协议，建立合作社，乘势而上的茅坪村也因发展刺梨产业，带领村民走上了一条“在农村谋出路、向土地要效益”的产业之路。

“现在村里的刺梨有 2812.5 亩，农户土地入股流转费每亩地 400 元，基地务工费每天至少 70 元，产生的效益农户还可以享受二次分红。”茅坪村合作社理事长陈方说。

一颗小刺梨为茅坪村带来的变化只是盘州大地上的冰山一角，它正释放着不可小觑的能量。

产研结合：为民铺就“致富路”

位于盘州市红果经济开发区一隅的盘州刺梨产研中心，生产车间一派繁忙景象，一罐罐“刺梨王”饮料正源源不断地“走”下生产线。

“接下来，这些产品将运往全国各地，走上千家万户的餐桌。”贵州宏财聚龙投资有限责任公司负责生产的副总经理邹雷可忙坏了，春节将至，他必须要在 1 个月的时间里生产出 50 万件产品，才能满足市场需求。

一端连接刺梨原材料生产，一端连接刺梨产品生产、销售，盘州刺梨产研中心成为盘州市刺梨产业发展的关键与核心。

盘州刺梨产研中心的罐装刺梨汁生产线

为解决刺梨产业后期加工、研发等问题，贵州宏财集团规划建设年加工 50 万吨刺梨加工企业，分两期建设，其中一期投入 5.57 亿元，建成年消耗刺梨 20 万吨生产线 5 条，主要生产饮料、口服液、果脯等刺梨产品，有效解决了刺梨产业后续加工保障的问题。

"只要是合格的刺梨，我们来者不拒。"看着一车车刺梨满载而来，一个个农民满意而去，邹雷有说不出的欣慰。他介绍，"接下来公司打算通过分等级的方法来收购老百姓的刺梨，同时采取大户承包奖励模式，以此激励大家想方设法种出好刺梨。"

"脱贫不是我们的终极目标，我们还要让老百姓致富奔小康。"邹雷说，下一步公司将提高刺梨产业的附加价值，通过科技研发，发展"健"字号和"药"字号，让刺梨走向全世界，使更多老百姓从中受益。

为了证实自己所言非虚，邹雷拿出手机，他的微信群里的消息不断弹出。

"刺梨这个东西是不是真正能达到出口的标准？"

"刺梨的功效到底有哪些？"

"你们宏财能不能供应上我们所需要的量？"

……

这个微信交流群里有专业的翻译人员，群里是以色列、韩国、日本、加拿大等各国客商，他们均对刺梨产品抱有浓厚兴趣，是潜在的合作对象。

"我们会提供相应的依据，并把样品寄给他们。"邹雷还透露，通过妥乐论坛，公司已与多哥共和国达成合作意向，并已带对方参观了盘州刺梨产研中心。

盘州刺梨已经开始将触角伸向国外。

"小"刺梨产业不小，撬动"大"扶贫，大有可为！

五、“百姓富、生态美”的新画卷

发展与生态两条底线一起守，“绿水青山”与“金山银山”两座大山一起护！物质、精神层面都已发生“千年之变”的贵州，在接续探索不同于东部、有别于西部其他省市的发展新征程中，信心百倍、干劲十足。

青山多妩媚　绿水漾金辉

习近平总书记指示贵州要守好发展和生态两条底线，全省干部群众牢记嘱托、感恩奋进，抱定“绿水青山就是金山银山”的信念，推动经济高质量发展，扛起生态环境保护这个重大政治责任。

2020年，贵州地区生产总值达到1.78万亿元，经济总量和人均水平在全国位次分别比“十三五”初期上升5位和4位，增速连续10年位居全国前列——贵州创造了赶超进位的“黄金十年”！

2020年，贵州森林覆盖率达60%，绿色经济占GDP比重为42%，乌江、赤水河等流域治理成效显著，全流域拆除网箱养殖，地表水水质总体优良……贵州护好了绿水青山，守住了“金山银山”。

生态脱贫：乌蒙高原绿意浓

毕节市威宁彝族回族苗族自治县，平均海拔2200米，是贵州平均海拔的2倍。它曾与纳雍、赫章并称“纳威赫”，是“去不得”的苦寒之地。

历史的车轮滚滚向前，贵州彻底撕掉了绝对贫困的标签，人民群众的物质生活、精神面貌都发生了“千年之变”！如今，“纳威赫”

的深度贫困史已经“翻篇”。“贵州屋脊”威宁也依托农村产业革命打了一场漂亮的减贫翻身仗。

农村产业革命推动了贵州“三农”面貌的“千年之变”。这场革命是发展观念、发展方式和工作作风革命。发展观念革命要求摒弃长期束缚生产力解放的小农思想；发展方式革命要求把农产品转变为参与市场竞争的优质商品；工作方式革命要求党员干部坚持以人民为中心，抓具体抓深入，特别是要尊重群众意愿。

在毕节，“威宁三白”（白萝卜、大白菜、莲花白）是农村产业革命的一大战果。

2020 年农历腊月十八中午，阳光透过寒雾洒向乌蒙高原，贵州新一佳农业发展有限责任公司的运输卡车缓缓驶入威宁双龙镇红光村蔬菜基地。车刚停稳，早已等待在此的村民迅速行动，熟练地掰开莲花白的老叶子，砍去多余根茎，并将经过处理的莲花白小心地放入箩筐，准备装车。

“基地一年可以接茬种植蔬菜三季，供不应求。”新一佳农业公司基地负责人苏威威回忆起 2020 年一季度的业绩：销售蔬菜 6600 吨，销售额 1000 余万元，形势大好。2020 年，公司在红光村有 1400 余亩蔬菜基地，通过土地流转和务工，带动 1500 人实现增收。

2020 年，以“威宁三白”为主导的高原冷凉蔬菜，在国内乃至东南亚共销售 131.26 万吨，规模占全省 60% 左右。“能征服市场的，永远不是价格，而是品质。”新一佳农业公司董事长蔡芬十分明白蔬菜产业市场之道，“三分种七分管，只有严格按照无公害要求进行规模化种植、科学化管理，才能赢得消费者的好口碑。”

威宁绿色有机蔬菜畅销省内外，是毕节建设贯彻新发展理念示范区的一个生动实践。近年来，毕节秉持抓生态就是抓发展的理念，奋力推动生态建设、环境保护、经济转型和促农增收有机统一，取得了看得见摸得着的明显成效。

“十三五”以来，毕节森林覆盖率从 48.04% 上升到近 60%，城镇常住居民、农村常住居民人均可支配收入年均增速 8.5%、10%。

文旅融合：万山红遍绿景美

游走在铜仁市万山区朱砂古镇的悬崖栈道上，满目苍翠。崖壁上曾经的开采痕迹，记录着这个矿区远去的烟尘。山下堆积的碎石，逐渐被新长出的小灌木覆盖。山间的矿洞，偶有流水倾泻，别有一番景致。

铜仁市万山区朱砂古镇全景

在朱砂古镇地底下，蜿蜒着世所罕见的970多公里矿道。而今，这些废弃的矿道逐渐变成万山的新宝藏——旅游资源。这个曾经热闹非凡的汞矿区，在荒败沉寂10余年后，再次以文旅融合繁荣景象出现在世人面前。

2021年1月31日中午，青山秀水隐在白雾中，朱砂古镇静美如画。景区入口不远处，41岁的陈慧梁在自家餐馆内忙碌着。他说："曾经辛苦创业10多年，都以失败告终，没想到最后靠旅游致富。"

矿产挖完了，但文化不会断，也不能断。2015年，万山区引进企业开发了以汞矿工业文明为主题的朱砂古镇，打造了"那个年代"一条街、汞矿博物馆等朱砂文化体验项目，玻璃栈道、悬崖游泳池、辰砂王酒店等景点和配套设施同步建设，构建起吃、住、游、购、娱产业链条。

2001年，万山汞矿政策性关闭，22岁的汞矿子弟陈慧梁只得外出务工。家乡变成景区后，陈慧梁抓住机遇，开了家餐馆——百味轩。2019年，餐馆营业额近200万元。随着游客量增加，陈慧梁在景区内开了分店，餐馆规模越做越大。

朱砂古镇开园以来，体验矿区文化的游客纷至沓来，带活了一方经济。万山用好国家扶持政策，促进文旅融合，推动绿色可持续发展，使矿区群众生活水平不断提高，闯出了一条资源枯竭型城市的转型发展之路。

在保护中开发，在开发中保护，贵州丰富的红色文化、少数民族文化、历史文化资源，成为推动经济社会高质量发展的巨大力量。事实证明，贵州文旅发展势头强劲，"十三五"期间，除2020年受新冠肺炎疫情影响外，旅游业主要指标均实现30%的"井喷式"增长。

大力发展文旅产业，是贵州守好发展和生态两条底线的关键之举。2017年，《国家生态文明试验区（贵州）实施方案》要求建设

“多彩贵州公园省”，为贵州文旅产业大发展提供了战略指引。2021年初，贵州出台“旅游强省”新规划，提出“旅游＋多产业”发展思路，强调推动旅游业与一、二、三产业融合发展，形成新的增长点和增长极。

发展与生态两条底线一起守，“绿水青山”与“金山银山”两座大山一起护！物质、精神层面都已发生“千年之变”的贵州，在接续探索不同于东部、有别于西部其他省市的发展新征程中，信心百倍，干劲十足。

守着绿水青山　过上幸福日子

2021 年 7 月中旬，以“低碳转型绿色发展——共同构建人与自然生命共同体”为主题的 2021 年生态文明贵阳国际论坛在贵阳举行。

多彩贵州，在生态文明的聚光灯下，再一次成为世界的焦点。

晨雾中的赤水市区

作为首批国家生态文明试验区，近年来，贵州30项改革成果被列入国家推广清单，森林覆盖率达61.51%，县级以上城市空气质量优良天数比例达99.4%，主要河流出境断面水质优良率100%……生态答卷成就斐然。

而在距离会场300多公里外的遵义赤水，自1990年确立“生态立市”以来，牢固树立和切实践行“绿水青山就是金山银山”的理念，依托生态优势和良好的资源禀赋，大力发展生态农业、生态工业、生态旅游、绿色城镇4个生态特色经济，不断探索绿色发展路径。

经济发展与生态保护“两条底线”一起守，绿水青山与金山银山“两座宝山”一起建，百姓富裕与生态优美“两个成果”一起收，经过多年的发展，赤水市的生态文明建设走在了全省前列，交出了一份“两山”转换的精彩答卷，“绿色福利”和“生态红利”正惠及越来越多的赤水百姓。

顽石开出“幸福花” 百姓吃上“生态饭”

盛夏7月，旺隆镇红花村村民袁图会一大早便开始在院落里打理已经烘干的金钗石斛花。

“你们别小看这些小花，它的中药药用价值和食用价值都很高。它改变了我们一家的生活。”摆弄着手里的石斛花，袁图会陷入深深的回忆中。

2004年，袁图会嫁到了红花村。家徒四壁，两间破旧的“泥夹壁”百年老屋、一亩多责任地、几十亩偏僻山林就是全部身家。每逢下雨天，老房子到处透风漏雨，家里大大小小的盆、桶全都派上用场，也只能把要紧的地方遮住。

婆婆患肺气肿，常年吊着“药罐子”，孩子年幼，袁图会没办法外出务工，只能在家靠养猪卖菜补贴家用，贫穷像山上的巨石压得她喘不过气。

当时，袁图会只有一个小愿望——把房子翻修，不再透风漏雨，家里最好还能有个卫生间，不需要再去外面破旧的茅草屋蹲坑。

2007 年，乡里多次组织村民参加创业培训。培训中，袁图会了解到，受益于降水多、气温高的气候环境和特殊的丹霞地貌，当地红彤彤的石头上特别适宜具有极高药用价值的金钗石斛生长。为了鼓励村民种植金钗石斛，当时政府还出台了一株苗 7 毛钱的政策补贴以及贴息贷款。

“一株苗 1 元钱，我们自己只用出 3 毛钱，成本不高，我也要试一试。”在赤水市石斛办和乡镇石斛办专家的技术指导下，袁图会开辟荒坡、买苗、种苗、遮阴，逐渐熟练掌握了一系列种植石斛的知识和技能，从一个“门外汉”变成了“土专家”。

赤水市红花村村民分拣石斛花

如今，袁图会在旺隆镇和周边乡镇已经建起了50个集约化大棚种植基地，金钗石斛种植面积扩大到270亩，带动了周边数十名村民在基地务工，增收致富。

袁图会只是赤水市依靠种植金钗石斛引导群众走上致富路的一个缩影。依托独特的自然条件，赤水市坚持把金钗石斛作为调整农业产业结构的主导产业，通过“公司+基地+农户”“合作社+基地+农户”等发展模式，充分利用闲散荒山荒地，真正实现了点石成金、点石成绿，一石二“鸟”的生态经济目标。

“赤水发展金钗石斛产业，不仅增加了经济效益，还有效防治了丹霞石的风化，减少了水土流失，提高了植被覆盖率，改善了生态环境。”旺隆镇镇长黎守琴说。

石头上长出绿产业，赤水市成功走出了一条“生态产业化、产业生态化”的“石头经济”之路，吃上了“生态饭”。

良好的生态环境，不仅仅是眼前赏心悦目的花花草草和绿水青山，也是人们赖以生存繁衍的“健康靠山”。

据赤水市农业农村局相关负责人介绍，立足“生态产业化、产业生态化”理念，赤水市充分利用资源禀赋，深入推进农村产业革命，大力实施生态特色农业“十百千万”工程，构建起了“山上栽竹、石上种药、林下养鸡、水里养鱼”的山地特色高效农业产业体系。

2021年，全市已有9.5万亩金钗石斛、110万亩丰产竹林、年出栏1080万羽以乌骨鸡为主的家禽、2.4万亩生态水产，带动农民人均可支配收入年均增长率达到10%以上。

“今后我们还将把生态环保理念融入生产全过程，通过技术升级和改造，实现生态农产品的绿色精深加工，重点完善金钗石斛、乌骨鸡等特色产品产业链建设，推动赤水三产融合发展，做大体量，做强产业。”赤水市发展和改革局相关负责人说。

守得百万亩“竹海” 换来“节节高”生活

赤水是中国“十大竹乡”之一，竹林面积达132.8万亩，拥有得天独厚的竹资源，漫山遍野的竹林宛若“竹海”一般。

近年来，赤水市不断摸索，充分挖掘竹子的附加价值，从林下养殖到竹浆造纸，从冬笋入沪到竹制品加工，力求将每一根竹子“吃干榨净”，走出了一条“生态产业化、产业生态化”的绿色发展道路。在政府的大力扶持下，赤水市也兴起了一批生态产业企业。

贵州赤天化纸业股份有限公司就是这批生态产业企业中的龙头企业。

赤水“竹海”

2003 年，经国家发改委核准，赤天化公司黔北 20 万吨每年竹浆林纸一体化工程项目获批，项目主要是利用赤水当地优质的杂竹资源生产竹浆及纸制品。

“2008 年 4 月，项目正式建成投产，截至 2021 年已累计收购竹原料 550 万吨，支付竹原料收购款 34.4 亿元。现在我们每年的年纸浆产能达 36 万吨、生活原纸产能达 19.5 万吨，产值接近 20 个亿，带动了赤水近 20 万竹农增收致富。”贵州赤天化纸业股份有限公司常务副总经理王云义说。

在贵州赤天化纸业股份有限公司造纸车间，伴随着轰鸣的机器声，一卷卷原料纸通过流水线自动打包，由机械链带动着输入仓库。

2021 年，赤天化纸业公司已经发展成为世界上工艺技术最先进、单系列产量最大的竹浆生产企业，也是一个集生态效益、社会效益、经济效益于一体的绿色生态经济项目。

在发展中保护，在保护中发展。据王云义介绍，竹子枝繁叶茂、根系发达，是防风固土、截留雨水、减少水土流失的一把“好手”，且竹子越砍伐长得越好，因此赤水竹产业发展的意义绝不限于经济层面，它还提升了赤水市的森林覆盖率，增强了涵水及固土防沙能力，为赤水在长江上游筑起一道绿色生态屏障做出了重要贡献。

每一个赤水人都是生态的保护者、经营者，更是受益者。

在赤水，2021 年已培育各类竹加工企业近 400 家，有近 20 万人在这里从事与竹相关的产业活动，逐渐形成以生态竹产业为支撑的种植、加工、农业、旅游等全产业链。

守得一方好山水，换得一条富民路。2017 年，赤水市率先打赢脱贫攻坚战，成为贵州省第一个通过国家第三方评估验收脱贫退出的县（市）。2018 年，赤水市获批国家“绿水青山就是金山银山”创新实践基地。2019 年，赤水市荣获第十届中华环境奖。这是国家环保类的最高奖项，填补了贵州在此类奖项的空白。

赤水，生动诠释了“绿水青山就是金山银山”的发展理念。

“生态价值具有环境价值与经济价值，只有在发展中不断践行‘两山’理论，才能在绿色发展中守护住百姓的好日子。”赤水市发展和改革局相关负责人介绍，下一步，赤水还将全力实施“竹浆纸及深加工一体化”发展战略，通过工艺技术创新不断优化生产过程，提高产量，提升质量，把赤水的资源优势转化为产业优势、经济优势。

用好生态资源，加快振兴发展。赤水市立足“生态产业化、产业生态化”理念，正在持续构建“山上栽竹、林下养鸡、石上种药、水中养鱼”的山地特色高效农业产业体系。

作为全省五个生态产品价值实现机制试点县之一，赤水市将在生态产品价值实现的体制机制创新上继续抢抓时机，先行先试，不断为全省探索经验，力求形成可供复制的“赤水样本”。

“染绿”石山 “点石成金”

2020 年金秋，正值花椒修枝季节，黔西南州贞丰县北盘江镇金井村花椒优质丰产示范园内，农户忙着给花椒修剪枝条。

花椒产业覆盖了金井村 208 户贫困户，大家不仅参与分红，还参与示范园日常田间管理，领取工钱。55 岁的村民梁永修每天在示范园内忙着修枝、撒肥、除草、采摘，日均收入 100 元左右。“家门口务工，工资还不低。”梁永修说。

工人在黔西南州贞丰县惠黔东西部协作共建花椒产业园内分拣花椒

过去，严重的石漠化让北盘江镇成为典型的跑水、跑土、跑肥“三跑”地。“眼望花江河，有水喝不着；石缝种苞谷，只够三月活。”这首20世纪八九十年代的歌谣，反映了当时村民生活的艰辛与无奈。

1992年，贞丰县提出“因时因地制宜、改善生态环境、依靠种粮稳农、种植花椒致富”的石漠化治理思路。因地理位置和气候条件特殊，北盘江镇的花椒具备香味浓、麻味重、产量高的特点，出产的花椒备受市场青睐，当地农民通过种花椒逐渐走上致富路。2017年，中国经济林协会授予贞丰县“中国花椒之乡”称号。

2020年，贞丰县花椒种植面积已达8.1万亩，挂果面积4.5万亩，产值约1.2亿元。花椒产业带动贞丰县6200余名建档立卡贫困户脱贫致富，走上了“公司+村集体+农户”协同发展的小康路。

这是贵州省石漠化综合治理的一个生动缩影。

植被破坏，基岩裸露，地表呈现类似荒漠化的土地退化，这就是被称为“地球癌症”的石漠化。贵州是中国石漠化面积最大、类型最多、程度最深、危害最重的省份，也是全国贫困人口最多、脱贫攻坚任务最重的省份。在石漠化治理中，坚持“治石”与“治贫”相结合，意义非凡。

多年来，在石漠化治理中，贵州探索出了不少成功经验，为石漠化治理提供了良方。

在关岭布依族苗族自治县以南、贞丰县以北的北盘江花江大峡谷两岸，近九成都是喀斯特地貌。这里石山多、土山少，土地瘠薄破碎，当地老百姓只能从石头缝里讨生活。

2004年8月，贵州师范大学教授熊康宁带领团队在花江大峡谷正式设立喀斯特治理示范区，把论文写在大地上，探索治石良方。

种草，造林，改善农村能源结构，保证基本农田建设，进行生态移民……熊康宁的研究成果转化成生态治理的实践，经过20多年的努力，花江大峡谷石漠化治理示范区的植被覆盖率，从 1996 年的 3% 提升到 2019 年的 51%，石漠化面积比例降低了 31%，石漠变成了绿洲。

只有将“治石”与“治贫”相结合，才能实现生态美和百姓富。熊康宁和团队设计出一套行之有效的治理方案，以蓄水、治土为核心，特色经济林种植及高产技术为支撑，把花椒、火龙果、皇竹草等适应石漠化环境生长的经济作物，种在了花江大峡谷两岸。

这套生态经济体系被称为“花江模式”，当地农民年人均纯收入从 1996 年的 610 元提高到 2019 年的 9863 元，脱贫率达 96.85%。

除了“花江模式”之外，熊康宁还带领团队开创了喀斯特石漠化综合治理的“毕节模式”“清镇模式”“果化模式”等，为国家开展石漠化治理专项提供了治理模式、技术体系和示范样板。

2013 年，熊康宁组建了国家喀斯特石漠化防治工程技术研究中心。2015 年至 2019 年，利用这些成功的模式，全国 200 个石漠化综合治理重点县完成治理面积 0.71 万平方公里。

近年来，通过加强石漠化治理、持续退耕还林、有效遏制各类生态破坏行为，贵州石漠化面积持续减少，岩溶地区生态环境持续改善。截至 2016 年底，贵州省石漠化面积为 3705.15 万亩，比 2011 年底的 4535.7 万亩减少了 830.55 万亩，其中，重度和极重度石漠化面积从 2011 年的 637.05 万亩下降到 2016 年的 422.7 万亩，全省石漠化扩展趋势得到有效遏制。

2020 年，贵州继续加快生态保护修复，大力实施国家储备林建设和新一轮退耕还林，深入开展石漠化综合治理三年攻坚，完成营造林 420 万亩，治理石漠化 1000 平方公里、水土流失 2520 平方公里。

“染绿”石山，“点石成金”，贵州交出了一份石漠化治理的亮丽答卷！

靠绿水青山奔小康

“汇川的茄子熟了！”

走进遵义市汇川区的万亩茄子种植基地，农民们正忙着采摘。在“地无三里平”的贵州，整合资源打造这样的万亩坝区并非易事。

“有了这片坝区，不仅可以实现规模化种植，附近村民的收入也增加了。”汇川区泗渡镇党委委员马凤说。

“今年收成不错！”菜农彭克容直起腰，满脸堆笑，“只要我们踏实干，小康生活有奔头！”

“大家好就是真的好”

在遵义市播州区枫香镇花茂村，村民王治强经营的“红色之家”农家乐家喻户晓。2015 年 6 月 16 日，就在这座小院里，习近平总书记和老乡们拉家常时指出，党中央的政策好不好，要看乡亲们是笑还是哭。

“这些年游客越来越多，日子越来越好。”王治强说，“平时我家客人多了，我就推荐他们去村里别人家，大家好就是真的好。”

青瓦片、白粉墙、坡屋顶，村居民宿错落有致，“乡愁小道”幽

遵义市播州区花茂村村民经营的“红色之家”农家乐

静蜿蜒……从昔日“荒茅田”到今朝“花茂村”，生活好不好，村民最知道。

村里篮球场旁有间小超市，店主涂华琴正用手机观看反映当地发展变化的电视剧《花繁叶茂》。见有人来，她热情招呼，打开了话匣子：“以前主要是卖些日用品，一天也就赚个几十块钱。现在村民有钱了，吃的喝的用的都舍得买，我这小店也跟着沾光，生意好得很，家里去年把面包车换成了小轿车……”

齐心协力奔小康的，不止花茂村。

年纪轻轻，个子不高，说起话来稳稳当当，这位“90后”苗族姑娘给人留下了深刻的印象。

杨昌芹是十三届全国人大代表。作为贵州省级非遗“赤水竹编”传承人，竹丝经过她的一双巧手编织，或成耕具，或成箱包。这门手艺，当地人只要愿意学，杨昌芹便免费教。凭着这份手艺，她开办了竹艺公司，带领越来越多的苗乡妇女脱贫致富。

“新冠肺炎疫情期间，我们公司没有让一个人失业，并且一直在研发新产品，生产也正常，大家都有活干。”杨昌芹说。

“好不容易学来的手艺免费教别人，会不会觉得亏？”

“不存在！”杨昌芹笑道，“当时给公司取名‘牵手’，就是希望大家靠着竹编手艺，手牵手一起奔小康。”

“靠生态旅游富起来”

从赤水市城区出发，经过一段约1个小时行程的山路，便是两河口镇黎明村。

夏日黔北，暑气正盛，群山环抱、翠竹掩映的黎明村却有一份清凉。不到11点，黎明村赤水大瀑布景区已是人来人往。

黎明村党支部书记王廷科很自豪：“这些年我们围绕赤水大瀑布发展旅游业，游客逐渐多了，村民们靠生态旅游富起来了。”

黎明村曾是赤水最穷的山村之一，倚山面水，交通不便，种粮少地，运竹无路，年轻人多半外出谋生。“以前村里出行全靠走，没有能走车的路，住的都是土坯房。”“山上产的竹子、竹笋运不出去，赚不来钱。”村民们说。

穷则思变。2015年，村党支部带领村民集资80多万元，围绕大瀑布发展旅游项目。2017 年，迎来贵州省农村“组组通”硬化路“三年行动”机遇，黎明村的路修到了村民家门口……到 2019 年，黎明村集体收入超过 1300 万元，人均年收入提高到 1.6 万余元。

“过去困难，得亏我们没有靠损害自然环境来赚钱，才有了今天旅游业的蓬勃发展。”王廷科说，“我们就是靠绿水青山奔小康！”

“实现了家门口就业”

分拣、码放、称重、搬运、装车……走进位于汇川区的遵义农产品产销对接智慧服务中心，工作人员正忙着处理各色生鲜食品。服务中心二楼的大屏幕上，每天从哪家合作社收购了多少蔬菜，哪些单位需要什么品种的农产品，冷链配送车配送到什么位置，一目了然。

“过去农产品销路不好，农民积极性受挫，区里机关食堂还要从外地进菜。”遵义汇川农投公司董事长冉义斌说。2018 年，汇川区成

遵义农产品产销对接智慧服务中心的配送车辆

立产销对接智慧服务中心，对区内单位分散采购的大宗食材统一摸底，通过大数据分析精准对接农业合作社和农户，集中采购配送。

2020年，服务中心有配送车辆35台，日均配送食材约70吨，实现38个贫困村定点采购，承担全区170余所中小学校及部分机关、企业食堂约9万人的食材配送任务。“这是项大工程。”冉义斌说，服务中心既打通了农产品的产销渠道，也为当地村民创造了就业岗位。

“目前我们中心的176名配送员几乎全部是本地农民，其中83人来自3公里外的汇川易地扶贫搬迁点学堂堡社区。”服务中心工作人员陈友红介绍，“在这里工作，实现了家门口就业。”

“以前在家种稻谷、辣椒，看天吃饭，收成不行。现在风不吹日不晒，每月有2000多元的稳定收入。”易地搬迁贫困户黎安元现在是服务中心的搬运工。“大家每天一起干活，互帮互助，感受到了家的温暖。”

“大女儿小学四年级，小女儿还在上托管班，到外地打工的我放心不下。现在就在家门口工作，虽然没有在外打工赚得多，但总得有取舍嘛！”服务中心的分拣区里，干练的女工王永码放着新收来的茄子，“以前在广东打工，一年没几天待在家。现在好了，每天都能陪伴父母、照看孩子，幸福感更强了。”

靠山吃山的两种活法

“头顶娘娘山，脚踏六车河。谁能识得破，银子用马驮……”在贵州六盘水娘娘山，歌谣中所传颂的富足，如今，已成为现实。

娘娘山湿地公园美景

娘娘山，号称“华南第一高原湿地”，湿地附近有两座村庄。过去，两个村子闭塞落后，靠砍树、烧山、狩猎、采“海花”等传统耕作的方式谋生，穷得叮当响；现在，他们靠乡村旅游、创业、入股分红，过着丰衣足食的生活。

山脚下：舍烹村 ·“我见青山多妩媚”

早春三月，清晨 6：30，伴随着嘹亮的广播声，深冬的舍烹村，醒了。

“嗡”的一声，扩音器开了。山顶上的大喇叭清清嗓子，《茉莉花》悠扬的旋律准时响起，流淌在小村的早晨。

舍烹村以自己的方式，打开了新的一天。

靠山吃山——“烧山”

披了件外套，陶永川出了门。当了 7 年村支书，每天头一件事，就是去村里转转。

路上尽是生面孔——乡村游的外来客，晨跑的，爬山的，等车的，认识不认识都点头道早。

倒回去 5 年，村里很少有生人。别说外人，本村年轻人都快走光了。

这里是六盘水普古乡娘娘山国家级湿地公园的所在地。这个只有 474 户 1477 人的边远少数民族村寨，五六年前还穷得叮当响。

舍烹村地少，闭塞。“靠种庄稼，到 2011 年，全村年人均纯收入不到 1000 元。年轻人外出打工，外村姑娘都不愿嫁到舍烹来。”村支书陶永川说。

村里的老人陶留之痛心地说，20世纪七八十年代，娘娘山成片杉木林，吸引了大批盗伐者涌入，他们挥着斧头放倒了一棵棵杉木。

“以前，我们有烧荒山的习惯。”村民郭正高说，那时，放火烧山还成为村民们互相炫耀的资本，谁一把火烧的面积越大，谁就越“光荣”。

回忆起过去的穷苦生活，村民王志仙说：“过去，村里的孩子烧山，家长不但不责骂，回家还要表扬几句。”她说，孩子们为挣学费，经常上山背柴卖。晚自习点煤油灯，熏得教室乌烟瘴气，每个孩子的鼻孔都是黑的。

谁会想到，这样一个贫穷落后的小山村，2014年会获得“全国生态文化村”称号。

靠山吃山——种玉米

几只白鹭从头顶掠过后被一湾水库托住。

村广场上有一块巨石，石上“三变发源地”几个字，在晨曦中显得格外温润。

村民代江华在村里的旅游公司上班，每天晨跑8公里，雷打不动。他说，这里早上空气好，非常适合锻炼身体。

村里像代江华这样坚持晨跑的村民还有很多，既有80多岁的老人，又有“90后”的小年轻。健康生活的理念在村里变得越来越流行。年轻的胖姑娘、胖小伙都喊着要减肥，老年人都追求吃低脂低盐的食物，村里人都知道无公害的、有机的绿色食品是好东西。

“过去，温饱都成问题，哪个还顾得上健康？”村支书陶永川说，以前，舍烹村到处是茅草房，环境脏乱差，种出来的玉米产量低，老百姓还吃不饱，只得靠砍伐树木、采挖野生药材、猎捕野生动物去换粮食，或者吃“救济粮”。

为什么种玉米呢？

“种玉米，是懒庄稼啊！”村民余华山的话直截了当。“一亩玉米，不管的话，能收个几百斤；管的话，增产也不多。干多干少差不多。还有，祖祖辈辈种玉米，种其他的能填饱肚子？万一种砸了怎么办？苦熬着，起码不会饿死。”

靠山吃山——创业

2013 年底，机遇来了。

娘娘山国家湿地公园试点获批，普古乡借助东风，把景区建设锁定在山脚下的舍烹村。

旅游能增收，乡亲们却不买账，因为吃过亏。

之前村里也有几户搞过以食宿为主的农家乐，最后只剩两家。

为啥？不挣钱。

“一家一户，小打小闹，低价竞争。三天两宿七顿饭，忙活几天，挣不到几个钱。”村民谭查说，村里脏乱差，价格倒是不贵，就是条件不理想，客人也不乐意，慢慢就没人上门了。

老路行不通。乡村游，必须改。

两条路摆在面前：一是建酒店，外来人投资经营，村民挣个租金；二是提升农家乐档次，农民经营，农民致富。

舍烹村选了第二条。

37 岁的谭查是村里的农家乐经营者，以前她和丈夫在沿海城市打工，现在在家门口开农家乐，既能挣钱，也方便照顾家中老小。现在，她家一个月毛收入 5 万元左右，年收入 60 万元。

谭查笑着说，开业第一个月时客源少，后来靠口碑吸引了不少客人，如今老顾客越来越多。

村支书陶永川介绍，全村有 500 张床位，每到夏秋旺季，床位还供不应求。

上午 9 点刚过，村民张峰的超市开始聚集老老少少的村民。几年前，村民们买个日用品啥的都要到附近的乡镇上，现在，一个中型超市就开在景区里面，需要什么随时都买得着，很是方便。

张峰的超市，规模有 120 多平方米，旺季一天营业额三四万元，一年下来，毛收入都有 40 多万元。

张峰的妻子在旅游公司的索道站收银，母亲在旅游公司做环卫工。他家土地流转 10 多亩，每年固定收入 3000 多元。

“我们早就不种地了，现在像城里人一样买菜吃。”张峰笑着说。

现在，舍烹村自建旅馆、农家乐、超市达 90 家，解决就业 200 余人。

靠山吃山——入股

“入股有分红，务工领工资，创业当老板，人人有活干，家家有钱赚。”娘娘山管委会书记彭侦说。舍烹村因为地理优势，采取“公司 + 合作社 + 基地 + 农户”的发展模式。通过筹资入股，全村 465 户村民成为合作社和旅游公司的股东。

如今，舍烹村以生态旅游、健康养生、设施农业、电商平台、特色养殖、会务培训、餐饮住宿、民族文化开发 8 种产业为支撑，进入“村村一产业、寨寨有风光”的产业循环发展快车道。

同样是靠山吃山，村民们现在将 3817 亩良田好土，入股合作社发展刺梨、猕猴桃、蓝莓、蜜桔、车厘子等精品水果，日子越来越好。2019 年，舍烹村年人均纯收入 1.67 万元。

夜幕来临，村委会广场传来一阵欢快的舞曲声，走近一看，近十名妇女挥着手臂、踩着舞步，开心地跳着广场舞，和城市公园里的广场舞并无二致。

溪水淙淙流淌，六车河穿寨而过，清澈透亮。娘娘山国家湿地公园管理处主任郭应随手捧起一口溪水喝下，他说道："可甜了！这么好的山山水水，我们子子孙孙都得用心保护哦！"

山顶上：播秋村 ·"青山见我应如是"

娘娘山山顶，海拔 2319 米，居住着 67 户人家，他们是离湿地最近的一群人。

"我们蚂蚁地，山好水好空气好，住在这里，到我这辈，已经是第六代了。"山顶上的村民赵远长说。

赵远长口中的"蚂蚁地"，属于播秋村的一个村民组，也在娘娘山湿地公园景区内。

100 多年前，他们的祖先迁移到此，与湿地咫尺相依，开启了彼此和谐共生、美美与共的新时代。

靠山吃山——"砍树"

"快进屋坐坐吧！我煎荞麦粑给你们吃。"听闻外地口音，蚂蚁地的村民孔成粉热情地拿出刚打的苦荞面来。

走进这栋白色小楼，可以看到装满荞麦、马铃薯的口袋和农机占据了堂屋"半壁江山"。据说这些"丰收的果实"，让孔成粉家赚了不少钱。

说起这些年来的生活变化，孔成粉滔滔不绝："现在不砍树了，植树造林、生态养殖、护草护林，大家忙得不亦乐乎，生活越来越好，谁还有闲工夫去砍树？"

隔壁邻居在一旁搭腔："现在好多家都盖起了小楼，政府帮着规划设计，只要勤劳肯干，大家收入都不差。”

烧柴取暖，曾是湿地人家世代沿袭的生产生活方式。这种生产生活方式导致“树越砍越少，山越烧越秃”。

“在那个疯狂的年代，山上的树根都快被挖完了，抬头一望，满眼的癞皮山。”村委会委员赵礼礼痛心地说。

就在 2012 年，播秋村基本还过着住在茅草房、出行走烂泥路、生活靠低保的日子，年人均纯收入仅几百元。

“人穷山败，山穷水败”，村民意识到，这样一直砍下去，终归不是办法。

靠山吃山——卖“海花”

那时，村民们还不知道自己守着一片富饶的“金山”，只知道山顶上有一片“烂滩”。

“烂滩”长满“海花”，无法穿行，不能种树，也不能耕种，是一块“无用之地”。更糟的是，“烂滩”还会“吃牲口”，一旦有牲畜陷入，就难以逃脱出来。

“海花”，就是泥炭藓。这片“烂滩”，就是泥炭沼泽湿地。

泥炭藓能卖钱。

“最开始的时候，两毛钱一斤，所有人都跑去采，一天可以采好几百斤。”孔成粉说。后来，“海花”涨到三块钱一斤，村民的积极性更高了，据说，那一年村民们卖“海花”，收入少则几千，多则上万元。

娘娘山国家湿地公园管理处副主任谢如炼说，随着泥炭藓的市场价格逐年增长，最高可卖到 10 元一斤，一下子引发了当地人疯狂的采摘行为。

“多少年了，我们都是‘靠山吃山’，可是这山再大，要是一味地吃下去，那也有吃光那天。”村民赵兴保说。

靠山吃山——生态旅游

2013年，借助湿地公园名片，播秋村也开始发展生态旅游，村民们开始有了“新路子”。

“游客来了，我们的农产品就容易卖了。特别是景区开通索道后，以前上山需要2小时车程，现在15分钟就搞定，游客自然就多了。”孔成粉笑着说。

赵礼礼说，蚂蚁地的耕地，不仅肥沃，而且成片，面积大，人均至少5亩。自从引进了新的种植技术后，全村的马铃薯种植面积增加到2666亩，苦荞麦的产量也年年在提高，再加上市场价格越来越紧俏，播秋村2017年就摘了贫困帽。

播秋村围绕景区各项优惠措施，大力发展乡村旅游、农家乐、精品水果采摘等特色旅游项目，积极引进旅游商品加工方面的劳动密集

盘州市播秋村村貌

型企业，促进就业，拓宽农户就业、务工渠道，让山顶上的湿地人家享受到更大的生态旅游红利。

靠山吃山——护林

几年前，为保护农作物，村民还经常驱赶野猪和猴子。现在，如果发生野生动物破坏庄稼这类情况，村民可以申请到相应补偿，大家保护野生动物的自觉性也提高了。

沿着村里蜿蜒的水泥路往寨子深处走，就是村民赵德胜的家。在乡村环境治理等政策支持带动下，赵德胜和妻子把周围环境都整治了一遍，将昔日生活必不可少的牛棚拆了，改建成了厨房，房前是种满蔬菜的菜园，家里靠着养殖贵妃鸡，年收入上万元。

再往前走，是孔成粉家的老房子——一间废弃了几年的老屋，但是孔成粉并不心疼，她把屋子用来堆马铃薯。她说：“现在，村子里户户通自来水，政府还补贴改厨、改厕、改圈的经费，对垃圾进行集中回收处理，环境好多了。”

在通往湿地的林间小道上，护林员廖稳娣和赵兴保穿着印有“巡护员”字样的橙黄色背心，一前一后走在去往湿地的山路上。

巡山，是护林员每天要做的事。防火，防砍伐，防偷盗动植物，每个细节都不能放过。仅盘州市管护区域内就有护林员 28 人。

谈起村寨的变化，赵兴保十分欣慰，他指着对面的大山说：“那是我家林地，好多年没砍了，就留在那里，让它自然生长。”

林木参天，苔藓遍地。湿地的路上，随处可见豹猫遗留的粪便。沿山路而上，廖稳娣正在给游客讲述湿地保护的故事：“无论是植被，还是湿地，在我们蚂蚁地人眼里，一山一水一草一木都是宝。”

回村路上，正巧遇到一位赶马车的青年人进山，孔成粉朝着他大喝：“上山不能砍柴，只能捡树枝哟……”

山下借势生金　山上重点保护

围绕湿地，靠山吃山，曾经两个贫穷的村庄，过去都靠刀耕火种谋生，还穷得叮当响；现在，靠产业发展、农旅结合，过得丰衣足食。

有一位村民，靠经营农家乐，一年收入60万元，这样的收入，让城里人都“红”了眼。

守着湿地这座“金山”，村民们尝到了生态保护的甜头，他们不仅把禁伐、禁采写进制度里，还写进了村村寨寨的村规民约里。

散步有公园，抬头有蓝天，吃的是无公害食物，喝的是清洁水，身边有鸟语花香，远处有青山绿水，在许多人眼里，这些是新时代的“幸福标配”。

2018年，在全国生态环境保护大会上，习近平总书记强调，要还

盘州市娘娘山峰丛

老百姓蓝天白云、繁星闪烁，还老百姓清水绿岸、鱼翔浅底的景象，让老百姓吃得放心、住得安心，为老百姓留住鸟语花香的田园风光。

2020年，娘娘山共监测到植物117科308属465种、脊椎动物56科207种，成为名副其实的“物种基因库”。

娘娘山的头上，戴着多顶“国字号”帽子——国家级湿地公园、国家AAAA级旅游景区、国家级农业科技示范园区、全国休闲农业与乡村旅游示范点……这些都足以证明“绿水青山就是金山银山”的科学论断。

乡村如画人安乐

阳春三月，阳光明媚。绿树成荫，菜花飘香。乡村如画，歌声回荡。

在福泉市的农村，一条条水泥路把村村寨寨连在一起；村庄里的小凉亭、荷花池、休闲广场等设施齐全；一座座农家小院，院内院外、房前屋后干净整齐……处处呈现美丽的新画卷。

如今福泉市的农村，从“颜值”到“气质”都发生了“翻天覆

福泉市美丽乡村新貌

地”的变化，旧貌已换，新风已立。

这是福泉市委、市政府全面推进农村人居环境整治，把对乡村的“五改五化”和对群众的“五引导五教育”作为建设美丽乡村、乡村振兴的重要抓手，取得的显著成效。

“五改”改出人居新环境

“我们农村过去每家生活基础设施都比较落后，住房功能不完善，人畜混居。现在，政府出台了‘五改’政策，我们的生活环境大大改善了。2018 年以来，我家就改了独立的厕所、厨房，以前使用的老电线也改了，还改了养牛的圈舍。”马场坪街道安谷村马鞍组退休的小学老师罗嗣平说。

安谷村马鞍组坐落在大山之间，交通不便，村民以前到城里办事，来回要花六七个小时。后来，安谷村马鞍组在政府的帮助下修通了道路，现在，驱车到城里只要半小时。同时，通过“五改”，村民们的人居环境得到改善。

“‘五改’是重点帮助建档立卡贫困户、低保户、农村分散供养特困人员 (五保户) 和贫困残疾人家庭等重点对象解决住房功能不完善、人畜混居的人居环境改造工程。”安谷村马鞍组驻村队员彭治才说。

2018 年 2 月底，福泉市出台了《关于在全市以“五改、五化、五引导、五教育推进十在乡村”决战脱贫攻坚的指导意见》，“五改”包括改厕、改圈、改灶、改水和改电。

2018 年 5 月，安谷村马鞍组在“五改”实施后，全组实现了应改尽改。通过此项工作，马鞍组住房功能不完善、人畜混居的人居环境全面得到了改善。

安谷村马鞍组的新面貌只是福泉市农村“五改”成效的一个缩影。

截至2018年底，福泉市“五改”工程实现全覆盖，全市5镇2街道1乡“五改”已完成改厨13093户、改厕7270户、改圈2074户、改水7875户、改电4411户等。

“五引导”引出发展精气神

眼下，仙桥乡月塘村谷顶招组的村民们春耕正忙。

村民严小明用马将牛粪运到自己家田里，路上，竹筐里的牛粪不时掉落。严小明运完后，赶紧将路上的牛粪清理得干干净净。他说这是习惯成自然，通过“五引导”，村民已改变过去的“陋习”，自觉爱护环境。

“这样的生产、生活习惯，在以前是没有的。”仙桥乡党委书记杨时江说。仙桥乡通过改善农村环境，以“五引导”为抓手，加强对农村群众的生产习惯、生活习惯、饮食习惯、风俗习惯、家庭教育进行引导，切实改变乡村的面貌。

为引导农民形成良好的现代农业生产习惯，福泉市组织专家技术服务团队进村入户，围绕种、养、加、销提供技术服务，实现对每个扶贫产业、每个贫困村、每个合作社的全覆盖，确保每个参与产业发展的贫困户都得到技术服务；全面开展贫困人口全员培训，确保每户至少有一人熟练掌握一门以上实用技能，实现稳定就业脱贫；利用新时代农民讲习所，选派各级干部沉下去开展巡回宣传宣讲，做好思想发动工作；充分发挥基层农技推广体系、涉农企业培训力量，强化农机与农艺结合。

为了引导农村群众养成良好的生活习惯，福泉市各乡镇（街道）

组织开展农村环境综合整治评比活动，通过评选一批“最靓村寨”“最美家庭”等，抵制“乱丢乱扔”的不良风气，大力开展村庄环境综合整治；全面推进“户收集、村收运、镇转运”垃圾集中处理的模式，合理设置垃圾中转站、收集点，做到户有垃圾桶、村寨有垃圾收集池、镇有垃圾转运站；倡导群众讲文明、讲卫生的新风尚，打造田园山水美、农家院落净、村寨环境好的美丽乡村。

“2018 年 5 月，碗田组代表洞铁村参加陆坪镇开展‘五改五化五引导五教育及两集中’月评比活动，获一等奖。”洞铁村村委会副主任黄朝云说。碗田组村民赵仕芬回想当年嫁过来的时候，村里的脏乱差现象和村民的一些“陋习”，曾令她产生了离开的念头。如今，通过“五引导”，这里比娘家那里发展得还好。赵仕芬还被推选为卫生监督员，当上了文艺轻骑兵队的副队长，家里又发展了养殖业，日子过得越来越滋润。

如今，在福泉的农村，休闲广场上广场舞、太极拳等健身活动参加者众多，村规民约、家风家训等无处不在，激发出群众发展的信心和勇气。

“五教育”激发脱贫内生动力

福泉市通过党建引领、思想发动、民主自治、产业发展、技能培训等方式，注重扶贫同扶志、扶智相结合，引导和教育贫困群众自觉摒弃“等、靠、要”的消极思想，激发群众脱贫致富的内生动力。

福泉市在各乡镇(街道)强化“道德教育、法治教育、文明教育、感恩教育、励志教育”的“五教育”活动，将“五教育”融入农村基层党组织建设、基层政权建设、群众生产生活、村规民约和农村中小学思想政治教育中，不断用正能量占领农村思想高地，打造民风淳朴和谐的美丽乡村。

在仙桥乡月塘村旧院组，组长兰文富正带着村民们建设休闲文化广场，拆掉废弃的房屋，填平臭水塘。他说，以前村里穷，现在发展了产业，我们的生活慢慢变好了，应该立志比其他村子发展得更好。

仙桥乡党委书记杨时江说，仙桥积极开展村级诚信（道德）个人、诚信（道德）家庭等创建评选，在村寨醒目位置设置光荣榜、曝光台进行公示，通过村比村、组比组、户比户，传播正能量，激发广大群众比、学、赶、超的内生动力，形成“诚信光荣”“道德光荣”价值导向。

陆坪镇洞铁村村委会副主任黄朝云说，通过“五引导五教育”，群众积极性高涨，修建碗田组的休闲文化广场的时候，村民们无偿出让土地、投工投劳。为了打造美丽乡村，村里还从卫生、道德文明等方面进行监督，村里挂着的“红、黑榜”，红榜时刻有名，黑榜几乎没有用过。

洞铁村碗田组还成立了互助小组，村民伍成建外出务工，妻子带着孩子到都匀市看病，互助小组伸出援助之手为伍成建家硬化院坝、入户路等。

福泉通过开展“五教育”活动，充分发挥贫困群众的主体作用，形成扶智富脑的氛围，大力提高群众主动脱贫的意识，激发贫困群众自主脱贫的斗志。

“五化”化出农村新风貌

过去，福泉市部分农村，“晴天一身灰、雨天一身泥”的场景比比皆是。

如今，通过实施“五化”，农村院坝硬化、屋檐沟硬化、村寨通道硬化、联户路硬化、村寨亮化，面貌焕然一新。

仙桥乡月塘村谷顶招组新修的水泥通组路，路面干净整洁，道路两旁用旧瓦片装饰的各式花台里，花草茂盛。

“以前，入村就能闻到牛粪、马粪、垃圾等散发的刺鼻味道。”月塘村谷顶招组25岁的村民严正发说。

村子大变样，是各级政府和驻村干部带着村民一起规划、一起干的成果。

谷顶招组将原来堆积如山的“垃圾坡”改成了风光优美的“感恩亭”，将原来的“臭水塘”改成了“观光池”，并在池子的围栏上写上“家乡梦”……谷顶招组现在变得像公园一样。

自开展“五改五化”“五引导”“五教育”以来，福泉市的镇与镇之间、村与村之间、组与组之间、帮扶单位之间纷纷上演“八仙过海、各显神通”的绝技，改变乡村面貌。

在福泉市牛场镇水源村杨家屯组，干净整洁的乡村道路，错落有致的房屋，屋前屋后漂亮的花草，由木头围栏、凉亭和风车屋组成的文化长廊，把村子装点得别有风情。

“最多的一天有10余支团队到我们这里考察，还时常有记者来采访。”水源村杨家屯组村民刘文贵说。

杨家屯成了福泉市远近闻名的新农村。

2018年5月9日，民政部相关领导率调研组到福泉市调研，参观了杨家屯组后，对福泉市“五改五化”“五引导”“五教育”的工作给予了肯定。

截至2018年底，福泉市通过“五化”的实施，全市完成院坝硬化12963户、屋檐沟硬化10870户、村寨通道硬化43.6万平方米、联户路硬化5.52万平方米、村寨亮化灯1.5万盏。

福泉在通过“五改五化”完善基础设施“硬件”的同时，同步开展“五引导”“五教育”智志双扶的“软件”建设，以建强党组织为核心“引擎”，充分整合党员干部、村组“能人”、村民自治小组、乡贤等力量，充分发挥基层组织自治作用，发动群众自发参与家乡建设，积极倡导群众立家训、定寨规、树乡风，持续推进移风易俗，在全市各村组推广建立“三组两榜一规一训”的“3211”模式。2019年，全市共成立村民小组党组织322个、村民自治小组917个、组务监督小组917个。

如今，福泉市村村有为民服务中心、文体活动场所、便民教育宣传中心、垃圾中转点、公共厕所，等等，通过乡村道路硬化、村寨亮化、环境美化等措施，绿水青山的新农村颜值变得更高。

“三治合一” 助推乡村振兴

6 月，淡阳初夏，走进安顺市平坝区乐平镇塘约村，村中小道干净整洁，农家院落鳞次栉比，没有匆忙赶去吃酒的村民，没有三三五五的划拳呐喊，置身其中，青山绿水环抱，蓝天白云笼罩，整个村庄安静祥和，犹如一幅美丽的山水画卷。

近年来，塘约村不断夯实基层自治基础，制定了务实管用的村规

“贵州十佳美丽乡村”平坝区塘约村

民约，构建了完善的乡村治理新体系，形成了团结和谐、积极进取的文明乡风，走出一条充满塘约特色的“党建引领·三治合一”的乡村治理之路，为乡村振兴提供了坚强保障。

推进“自治” 提升村民获得感

“谷掰组村民陈大志（化名）不参与公共卫生打扫，不缴纳卫生管理费，我们根据‘红九条’，把该户拉入‘黑名单’，并对他进行了批评教育。”村干部李莉表示，因为容易得罪人，所以从前的村民工作不好开展，有了村规民约后，大家都是一把尺子量到底，一碗水端平。

塘约村村规民约规定，对违反“红九条”的村民，以户为单位，列入“黑名单”管理，考察期为3个月。考察期间，村“两委”对列入“黑名单”的农户，不办理任何相关手续，取消享受村级优惠政策的权利，直至“黑名单”农户改正错误行为，经村民代表大会考察合格并同意消除“黑名单”后，方可继续享受其优惠政策和村“两委”提供的服务。

“偏坡组村民杨秀瑛（化名）生小孩，在城里办满月酒，村‘两委’得知后，根据村规民约，对其进行了相应处罚。”李莉说。看到几个村民被处罚后，村民们明白了村规民约不是虚的，不管谁违反都要受到处罚，大家就开始自觉遵守。

“村规民约实施几年时间来，村里的环境变美了，卫生干净了，酒席少办了，秩序井然了，村民的素质也有了很大的提高。”谈起村里的变化，村主任彭远科深感欣慰。

“现在麻将也不准打了，酒席也不给乱办了，老人没事就安心在家带孙子，让年轻人多些时间和精力去挣钱，这样日子才能越过越好。”对于塘约村的各项村规民约给村里带来的变化，村民祝莲秀赞不绝口。

群众富不富，全靠党支部；乡村美不美，关键看党委。为让村民自治理念深入人心，塘约村党总支切实把党小组建在村民小组上，将党的组织的力量延伸到村民身边，把党员的力量凝聚起来，充分发挥基层党组织的战斗堡垒作用，使其成为推动村民自治的重要法宝。

“党员考评不合格，党总支就要求其限期整改。村干部通过考评，才能拿到工作报酬。”彭远科说。推进塘约村民自治，有利于规范党员管理，进一步推进了党务公开和村务公开，能激发群众参与村级事务的热情。

在村民代表的共同监督下，塘约村严格实行党员“积分制”管理，对全村党员进行量化评分。年终测评总分 120 分，将考评低于 60 分的党员视为不合格，并责令整改；连续 3 年考评不合格的，则劝其退党。通过“支部管全村、村民管党员”，进一步推进全面从严治党，夯实了村民自治的根基。

推进“法治” 文明乡风扑面来

孟性学是村里的老党员，处事公正，德高望重，一直负责民事纠纷调解工作。5 年来，他调节的民事纠纷有 50 余起，由于法律解读透彻，调解用心用情，办法公平得当，总能使矛盾双方心服口服。

2017 年，塘约村鸡场坝组雷、杨两家因为建房巷道问题闹得不可开交。得知情况后，孟性学便带着村里的法律顾问、调解委员会成员，找到了两家当事人。经过法制宣传、政策讲解，对当事人耐心劝导，最终两家各让一步，握手言和。

乡村治，则百姓安。近年来，塘约村不断加强矛盾纠纷调解队伍建设，制定《三级调解终止制度》，较好地化解了村里大大小小的矛盾。

村务公开透明，是群众真正享有知情权、参与权、管理权和监督权的一个重要标志。为推进村务公开，营造依法依规办事的良好氛围，塘约村规范设立了阳光党务村务公开窗口，对办事流程、事务办理、财务数据等进行公示。

不仅村民感慨依法依规办事带来了便利，村干部也感到工作比以前顺畅多了。“有了村民的监督之后，村里要解决个大事小事，都要在监督下进行，也给我们减负了。”李莉说。

为维护群众的生命财产安全，2017 年，塘约村组建了治安巡逻队，每年从村集体收入中拿出固定经费，聘请村民作为巡逻人员，每晚在村里固定巡逻，维护乡村治安，营造稳定和谐的氛围。

“以前我们村小偷小摸、打架斗殴时有发生，最近几年，随着村民法治意识逐步提高，防范意识逐步增强，这些现象基本没有了。如今牛拴在山上不会有人偷，遇到邻里矛盾也会文明处理了。”塘约村强化治安管理提升了村民满意度，李莉说。

推进“德治” 春风化雨育新风

每年春节期间，塘约村村“两委”利用新春活动，召集全村村民齐聚村文化广场，对评选出来的“最美塘约人”“最美塘约家庭”进行表彰，让村民学习榜样，凝聚发展力量。

村民杨玉珍是 2018 年由村民们选举出的“最美塘约人”。她在家上孝父母，下教子女，闲暇之余，积极参与村里的各项公益事业建设，新春活动期间，每天天不亮就起床与村干部搭建活动舞台，打扫卫生，维持活动秩序，村民们看在眼里，赞在心里。

近年来，塘约村以开展道德讲堂宣讲、积德榜建设和“最美塘约人”评选活动为载体，全面开展“好婆婆”“好媳妇”“优秀学生”“五好家庭”等评比活动。定期组织开展“好、美、优”评选活动，通过妇代会、村民小组等提名推荐，群众互评，评选出公认的好儿女、好公婆、好媳妇和好家庭，以及村级道德模范、德才兼备好学生，并在全村进行表彰奖励。先进代表在全村群众大会上介绍经验，以“身边事教育身边人”。

通过评比活动，公婆儿媳之间矛盾自觉化解，尊老爱幼、互相谦让的文明风气日趋增长。

通过“三治合一”，乡村社会治理体系不断健全，塘约村实现了从贫困村到小康村的转变，农民年人均纯收入由 2013 年不到 4000 元提升到 2018 年的 11300 元，村集体经济从 2014 年的不足 4 万元到突破 312 万元，实现了从二类贫困村向“小康示范村”的华丽嬗变。

共绘美丽宜居乡村新景

初秋时节，在安顺市普定县猴场乡的青山绿水间，一派硕果累累的景象，村容村貌焕然一新，村民精神抖擞，脸上洋溢着幸福的笑容……一幅幅美丽的画卷，生动展现了猴场乡宜居乡村创建的美好愿景。

天刚见亮，猴场乡猴场社区村民余文梅就开始打扫房屋、庭院，把小卖部的物品摆放得整整齐齐。

"打扫干净了，看起来舒服多了，来买东西的人都变多了。"余文梅说，"以前都是隔几天才收拾一次，马路外面根本不去管，现在每天都要打扫房前屋后，已经习惯咯！"

余文梅的家坐落在猴场乡猴场社区平安大道上，这条大道是猴场社区通往外界的一条主干道，每天过往的车辆不计其数，过去只要有车从门前通过，家里就会飘进灰尘。自安顺宜居乡村建设拉开大幕以来，猴场社区也持续开展人居环境整治，建设美丽生态宜居家园，村干部多次到余文梅家，讲政策，教方法，带着干，现在家里家外和马路上都干干净净的，看起来舒服多了！

"我们重视对猛舟村'养牛农户配铁铲，发现粪便即铲除，还肥于田促双赢'，以及仙马小学开展的'小手牵大手'文明实践活动，并对人居环境整治从娃娃抓起的好经验进行总结推广。通过全乡干部职工大会、村民大会或村民代表会议、村级党组织‘三会一课’等重要时间节点进行宣传推广，让村民清洁卫生文明意识普遍提高，村容村貌持续向好，有效助力乡村振兴，建设美丽宜居乡村。”普定县猴场乡党委书记陈云兵介绍道。

截至2021年底，该乡在宜居乡村创建中共开展宜居乡村创建工作140余次，参与人数达到10000余人次，清理垃圾600余吨，发放宣传单和张贴海报10000余份，评选示范户2000余户，村规民约实现户户张贴、人人遵守，与农户签订“门前三包”6300余份。

“村里变干净了，环境变美了，吃穿不愁了！”家住普定县猴场乡猛舟村的村民舒祥友，面对村里的巨大变化，感慨不已。

56岁的舒祥友是村里的一名网格员。自宜居乡村建设工作开展以来，舒祥友每天早早起床，打扫房间、庭院，给盆景浇水，待把家里的一切打理好后，就到村里去为村民们进行政策宣传，带着村民一起干。

“看着大家把家里家外和马路都打扫干净，自己的努力也没有白

普定县猛舟村志愿者清理沿路垃圾

费。”王荣忠高兴地说，清理干净后蚊虫少了很多，对村民们的健康有益，而且自己生活的家园也更漂亮了。

“以前猛舟村可谓是脏、乱、差，牛粪随处可见，各家自扫门前雪，但现在得到了很大的改观。”猴场乡猛舟村驻村第一书记潘仟说。为彻底解决牛粪随处可见的问题，乡里为每户养牛户发放了一把铁锹，不仅有效解决了牛粪遍地的问题，还可以把牛粪作农家肥，带着铁锹放牛成了猛舟村改变不良陋习的一大举措和亮点。

猴场社区、猛舟村的蝶变，只是猴场乡积极开展宜居乡村创建的一个小缩影。2021 年 5 月以来，猴场乡全面按照市委、县委关于宜居乡村创建的工作部署和工作要求，聚焦乡村振兴重点任务，以“四清两改四严禁”（“四清”：清理生活垃圾、清理沟塘污水、清理畜禽粪污、清理房前屋后；“两改”：改善房屋装饰外貌、改善村民不良习惯；“四严禁”：严禁秸秆焚烧、严禁垃圾乱烧、严禁私搭乱建、严禁乱占耕地）为要求，以户户过关为目标，各村“两委”干部和驻村工作组充分发挥示范带动作用，深入推进宜居乡村创建工作，全面推进农村人居环境综合治理。

如今，漫步在猴场乡的大地上，干部群众和睦相处，一个个村庄发生着翻天覆地的变化，街头巷尾、房前屋后干干净净，昔日垃圾遍地的村庄亮丽清新，这些“望得见山、看得见水、记得住乡愁”的宜居宜业乡村，可以说是既有“颜值”又有“气质”。

绿水青山织锦绣　生态优美亮新姿

2021 年 10 月 14 日，联合国《生物多样性公约》第十五次缔约方大会在云南昆明召开，对第五批国家生态文明建设示范区进行命名表彰。在这次评选中，全国共有 100 个市县获得这一殊荣。其中，贵

遵义市绥阳县美丽乡村画卷

州省绥阳县正式获得“国家生态文明建设示范区”荣誉称号——绥阳县也是贵州省唯一获此殊荣的市县。

成功跻身国家生态文明建设示范区行列，凸显了绥阳抢抓绿色发展机遇的魄力与眼光，也敲响了大美绥阳加快高质量发展的“战鼓”。绥阳县近年来以创建国家生态文明建设示范区为契机，坚守发展和生态两条底线，全力打好污染防治攻坚战，推进生态环境保护各项工作落实，生态环境质量持续稳定向好，先后获得“全国文化先进县”“全国经济转型发展示范县”“全国最具投资潜力县”“中国最佳生态旅游名县”“中国最佳山水文化旅游名县”“国家卫生县城”等一大批荣誉。

规划引领　绘制绿色生态发展蓝图

长期以来，绥阳县高度重视生态文明建设工作，大力推进环境保护各项工作落实，于 2015 年编制并实施了《绥阳县创建国家生态文明建设示范县规划》，按照“生产空间集约高效、生活空间舒适安全、生态空间山清水秀”的原则，一大波高起点、大手笔的举措相继铺开。

绥阳县委、县政府始终坚持把生态环境保护工作作为重大政治任务和重大民生工程，制定印发了《绥阳县各级党委、政府及相关职能部门生态环境保护责任划分规定（试行）》《绥阳县党政领导干部生态环境损害责任追究暂行办法》《绥阳县环境质量公布、通报及约谈实施办法》，全县各乡镇（街道）、各有关部门也成立相应的组织机构，把国家生态文明示范建设作为一项长效重点工作来抓，形成了上下联动、齐抓共管、条块互动的工作体系。

让大地染绿，让森林进城，让美景入目，这些是百姓的呼声和向往。在城区，一大批社区公园、广场开工建设或提升改造。城市公园、天台山森林公园、雅泉公园、东门广场等多处城市公园、广场点缀绥阳，形成了绿地布局合理、功能设施齐全、风格特色鲜明的城市园林景观，让广大市民有了休闲娱乐的好去处。在乡村，绥阳投入3.2亿元建成2个省级、12个市级、152个县级“四在农家·美丽乡村”示范点，行政村美丽乡村创建率达83.3%。

市民张海生从河南南阳搬进了绥阳的“新家”，他感叹：“因为工作来到绥阳，一踏进这个城市就被吸引住了，空气清新，气候宜人，街道到处都是绿树环绕，登上城中山顶——天台山，一阵微风吹来，好不惬意！驱车行驶在幸福大道上，感觉生活在绥阳真的很幸福！”

多措并举　构建绿色生态经济体系

清晨，一辆垃圾转运车停在洋川街道诗乡门社区村道路上，工人正在收集垃圾，准备转运到垃圾处理中心。

“过去，居民的房前屋后堆满了生产生活垃圾，一到夏天，蚊蝇乱飞。”正在晨练的王大爷说。现在家家户户房前都有一个垃圾桶，有专人定时清运，大家也自觉养成了讲卫生的好习惯，村里环境也变美了。

满载生活垃圾的收运车驶入蒲场镇高坊子村的生活垃圾焚烧发电厂，通过一系列操作，垃圾变废为宝。“绥阳生活垃圾焚烧发电项目，每天处理垃圾量450吨左右，每天发电量19万度，每天上网电量大约16万度。”绥阳海创环保科技有限责任公司总经理助理柏德明说。

针对城乡生活垃圾乱堆放、处理难的实际问题，绥阳建成县城区

1 座垃圾填埋场、17 个乡镇生活垃圾转运站、742 个生活垃圾收集房，实现户分类、村收集、镇中转、县处理的城乡生活垃圾一体化收运处置体系，城镇生活垃圾无害化处理率达 100%。

如何构建绿色生态经济体系？绥阳的每一次思考都紧扣求真务实，每一项举措都掷地有声，围绕“四新”，主攻“四化”，构建绿色生态经济体系。通过工业提质转型，突出“绿色”发展，更新农业现代引擎，做实“黔北粮仓”；做美新型城镇，打造绿色生态人居环境，旅游产业引领，打造“旅游目的地”城市等系列举措，绥阳县深度整合旅游资源，持续将绿水青山打造成金山银山。

绥阳推进学旅、文旅、体旅、康旅、农旅、工旅、城旅等产业深度融合发展，全力构建全域性、全天候、全产业的旅游发展格局，通过“旅游 +”实现三大产业间的深度融合。

夯基固本　推进生态文明行稳致远

春赏百花夏有荷，秋有彩林冬握雪，绥阳的美没有空白，“洞、林、山、水、泉、园”齐备，有着“诗画绥阳　养生天堂”的美名，被文人墨客誉为“诗歌与山水跳舞的地方”。这既是绥阳得天独厚的资源禀赋，也是绥阳高标准推进生态环境质量改善的印记。

绥阳坚持保护优先、自然恢复为主，通过开复垦耕地、退宅还耕、轮作休耕、高标准农田建设、地质灾害治理等措施，全面提高土地利用综合效益，守牢耕地保护红线，以“绿色贵州”三年行动计划、“灭荒行动”、“月月造林”为载体，全面加强生态屏障建设。

为坚决守护百姓的一片蓝天、一方净土、一川碧水，绥阳研究制定重点行业污染防治办法，深入推进“河长制”，率先在全市建成并规范化运行覆盖全县15个乡镇（街道）的集中污水处理设施，构建完善的农村生活垃圾处理体系。

“夯实绿色根基，就要守好生态红线。立足这一理念，绥阳强力推进生态保护建设，划定国家级生态红线659.92平方公里，明确管控区域和保护重点。”遵义市生态环境局绥阳分局副局长黄喜雄介绍，全县已建成国家级生态乡镇8个、省级生态乡镇6个、省级生态村19个、市级生态村66个，2016年申报国家级生态乡镇6个。

下一步，绥阳县将继续下功夫把生态文明建设好，推进生态环境质量持续向好，坚持走生态优先、绿色发展之路，放大“绿色”优势，厚植发展根基，提升发展品质，推进生态文明行稳致远。

绿水青山让群众吃上“生态饭”

处处青山绿水，皆是金山银山。一个个民风淳朴、美景如画的民族村寨，犹如镶嵌在苗疆大地上的一颗颗璀璨的“绿宝石”。

鸟瞰黔东南州雷山县西江千户苗寨

黔东南州雷山县立足山地资源优势，因地制宜，始终坚持用好民族文化和生态环境两个宝贝，坚定不移地走“产城景一体，农文旅一体，一、二、三产业一体”的融合发展之路，全县旅游业实现“井喷式”增长。

“苗疆圣地”“中国十大最好玩的地方”“中国最美小城”“贵州省苗族文化原生态旅游经济圈核心区”……这一块块“金字招牌”，成为雷山县最大的资源优势。

生态旅游让农民变“老板”

雷山县是贵州省的十大林业县之一，过去依靠砍伐木材换取财政收入。自 1998 年被列为全省第一批天然林资源保护工程（简称天保工程）试点县后，整个林区的生产经营活动由砍伐转为营造。雷山县及时转换思路，将生态建设与当地浓郁的民族风情资源结合，通过实施九万大山绿化造林、天保工程、退耕还林工程等项目，使全县的森林资源得到了前所未有的保护和发展。

通过重点对“西江千户苗寨”、国家保护古建筑群“郎德上寨”、苗族芦笙歌舞之乡“南猛苗寨”等民族村寨，以及全国乡村旅游示范区巴拉河岸、雷公山公路沿线、西江公路沿线和雷山至大塘新桥公路沿线的旅游景区及线路采用封山育林、人工造林等技术手段，在增加林木植被覆盖率、增强森林生态功能等级和质量的同时，提高沿线森林的景观等级，美化沿线村寨寨容寨貌，为整个区域的旅游业奠定生态基础。

通过生态扶贫、旅游扶贫，许多农民升级为“老板”，其中旅游扶贫带动了 7400 多人实现增收脱贫。

“生态立县”让天更蓝、山更绿、水更清

雷山县始终坚持“生态立县”战略，把生态建设作为雷山最基础，也是最重要的一项工作来抓，紧紧围绕各项林业重点工程的实施，大搞造林绿化，并把林业重点工程建设当作“生态立县”的首要任务，让雷山天更蓝、山更绿、水更清。

雷山县编制完成《雷山县主体功能区规划》，启动生产、生活、生态空间布局试点改革，入选全国首批生态文明示范工程试点县、全国生态保护和建设示范区、全省生态文明先行示范区；累计投入 7600 万元实施林业生态工程 3.3 万亩，完成封山育林、退耕还林 8.4 万亩，森林覆盖率从林业“山林三定”前的 45% 上升到 72.52%；落实生态补偿制度，累计兑现生态补偿资金 8300 万元。

着力推进环境保护“六个一律”利剑行动，查处了一批生态环保违法案件，大幅削减主要污染物排放量，主动淘汰 2 家高能耗企业；建成西江、永乐污水处理厂和县城垃圾填埋场，完成污水收集管网建设 80 公里、中小河流治理堤防建设 5.93 公里，城乡生活垃圾无害化处理率达 85%，集中式饮用水源地水质达标率达 100%，城市环境空气质量达标率保持在 98.3%。

流淌的山泉变成致富“金银水”

康利矿泉水是雷公山自然保护区天然矿泉水有限公司的品牌，该公司的生产流水线设备均达到国内先进水平，全部采用全微机化管理，是黔东南州内创建最早、生产规模最大的矿泉水生产厂家。该公

司在合理开采水资源的同时，确保生态环境不被破坏，真正体现了资源利用与环境保护有机结合的原则。该公司 2005 年被黔东南州卫生局确定为学生饮用水指定生产厂家，2006 年通过了国家 QS 食品安全认证，2007 年荣获“贵州省著名商标”的称号。

喝着山泉水长大的达地水族乡村民做梦也没想到，山泉水“摇身一变”竟成为致富一方的“金银水”。2011 年，返乡创业的王应锋利用达地水族乡高海拔的大坪山水资源开发山泉水，并于 2015 年 7 月成立了贵州省尚品源山泉水有限公司。“2017 年以来，年均完成销售总额达 700 多万元。现在公司就业人员有 27 人，平均每人每月工资收入 3000 多元。”王应锋说。

产业扶贫让农民奔小康

山绿了，游客来了，林业产业兴旺了。全县茶叶基地总面积 15.22 万亩，有机茶园面积 0.98 万亩，农民人均茶园面积 1 亩，中药材种植抚育面积达到 5.5 万亩。黑毛猪、稻田养鱼、中药材等特色农业持续发展，无公害产业基地认证达 13 万亩、有机产业认证面积达 1.12 万亩，培育农民专业合作社 360 家、农业龙头企业 24 家，茶叶综合产值从 2012 年的 3.8 亿元提升到 2018 年的 10.5 亿元。2018 年，脚尧村仅茶叶一项，增加户均收入 9.681 万元、人均收入 2.353 万元。

全县建成优质果品基地 4 万余亩，杨梅韵味独特，梨脆香甘甜，相关农产品走俏市场，获贵州省优质农产品称号。

雷山的林下野生资源丰富，开发生产出的竹笋、蕨菜、薇菜、折耳根等山野菜系列产品，已成为名贵的礼品；以巫山淫羊藿、天麻等为代表的林下药材产业不断发展壮大，贵州同济堂等大型制药企业在雷山建立了 GAP（良好农业规范）生产基地。雷山茶叶、中药材、青钱柳等生态产业加快发展，银球茶、乌杆天麻获批成为国家地理标志保护产品；成功创建了国家级出口茶叶质量安全示范区，被列为国家有机产品认证示范区，新增有机认证企业 10 家；雷山黑毛猪获批成为国家生态原产地保护产品。

现在的雷山，产业发展路子越走越宽，广大农民挑着茶叶、水果大步迈向乡村振兴新征程，成为雷山县生态建设的一道亮丽风景。

后　记

《全面建成小康社会·贵州变迁志》由中共贵州省委宣传部组织编撰。本书精心选编了在全面建成小康社会的过程中具有典型性、代表性的感人故事，充分聚焦百姓生活，从党和政府的政策扶持、易地扶贫搬迁、民生保障等方面反映群众在全面建成小康社会的过程中发生的真实变化。

本书内容具体由人民日报、央视新闻网、《求是》杂志（求是网）、贵州日报、天眼新闻、动静新闻、多彩贵州网、当代先锋网、安顺日报、黔南日报、黔东南日报、澎湃新闻、晚晴杂志、求是网、中国新闻网（贵州新闻）等多家新闻媒体机构，以及有关市（州）、县（市）主要宣传部门供稿，在此表示衷心的感谢！

贵州省乡村振兴局的领导和专家对本书进行了认真审读，并提出了宝贵意见。相关意见均已吸纳进书中，在此对各位领导、专家的指导深表谢意！

本书编写组

2022 年 6 月